U0042592

賽德克·巴萊
Seediq Bale

漫畫·巴萊

COMICS·BALE: The First Historical Comics of Wushe Incident

台灣第一部霧社事件歷史漫畫

邱若龍 著

緋櫻漫舞——霧社街

日治時期，台灣中部山區，一個模範的日治社區——霧社街。

在霧社街上，從分室望向櫻台。

1930年，霧社街的周邊地理位置。

彩虹部落——馬赫坡社

一個信仰彩虹的賽德克族部落
——馬赫坡社，也是莫那·魯道的家。

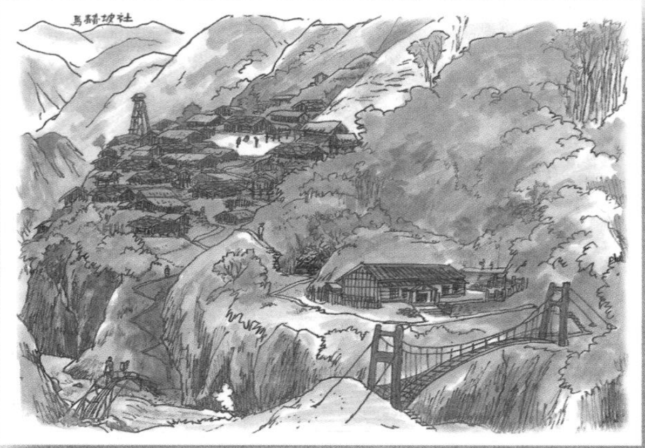

↑ 遠望依山傍水的馬赫坡部落。

↓ 俯瞰事件發生前的馬赫坡社。

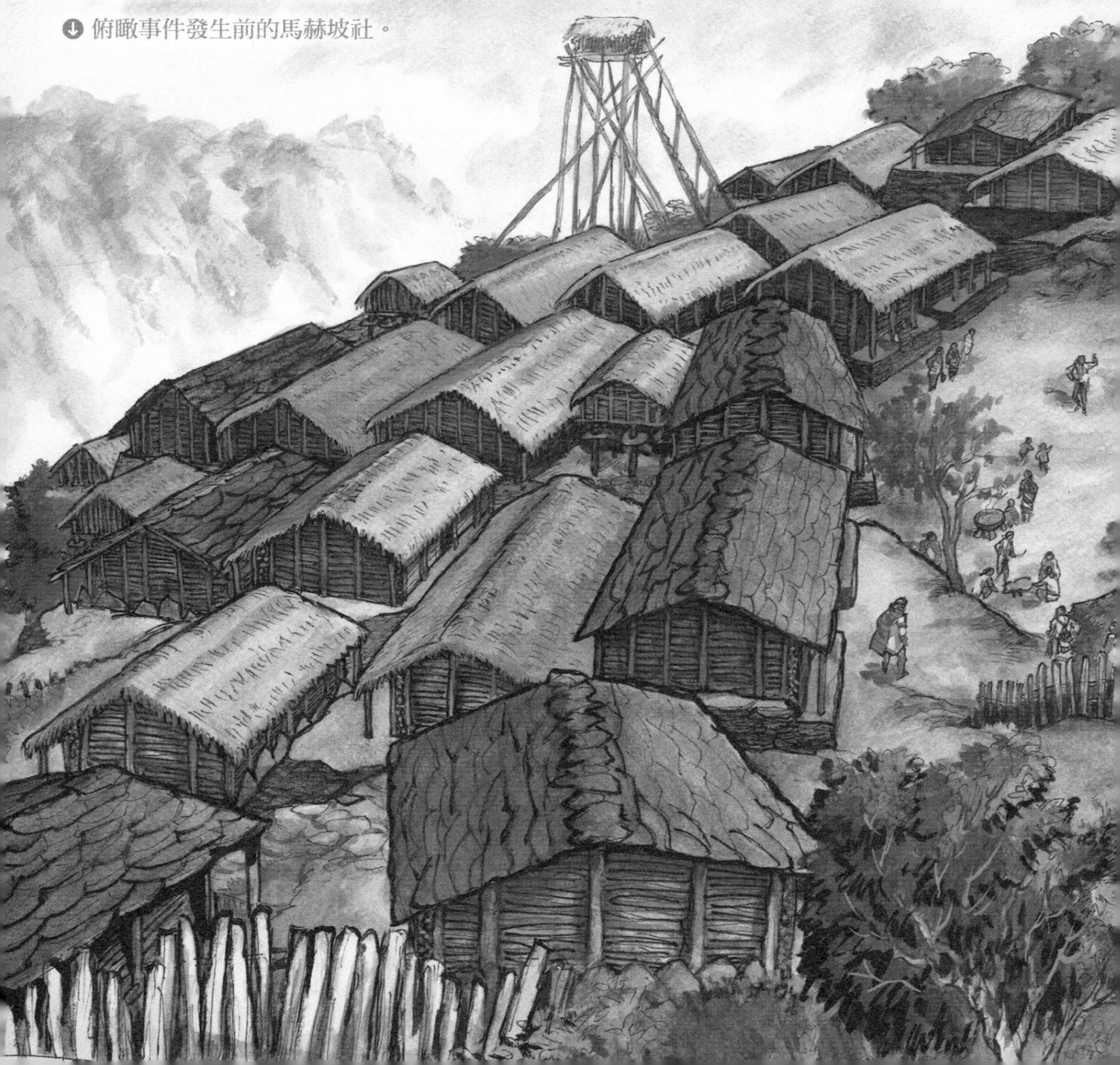

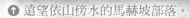

賽德克·巴萊

——眞正的人

賽德克族人依循祖先流傳下來的方式生活著。他們認為男人必須是驍勇善戰的勇士，要學會打獵與出草，才有資格紋面，成為「賽德克·巴萊」，也就是「真正的人」。

↑賽德克青年在山林間獵山羌。

➜ 青年莫那·魯道第一次出草。

歡慶時刻

部落生活中，最令人興奮的時刻，莫過於慶典或婚宴。所有部落族人可以一同分享牛豬，一同慶賀。

日治時期才引進部落的水牛，成為部落的肉食來源之一。

慶典時，部落族人唱歌跳舞、飲酒談天，並分食豬肉，開心享用。

賽德克族人被迫於森林中砍伐、搬運木材，以供日本人在霧社新興建築所需。

彩虹部落與太陽帝國的碰撞

馳騁山林、嚮往自由的賽德克族人，遭遇到日本不同文化的壓制。他們被迫勞役，並且被禁止出草、紋面，那傳統中身而為人的條件，遭受到強權的遏抑與文化的衝擊。

在日本人的統治下，賽德克族人曾三番兩次反抗歸順。

爲尊嚴而戰——

起事

一九三〇年十月，族人與統治者表面的平和終於瓦解。霧社地區的賽德克族人開始策動這場為了族群尊嚴的戰爭。大家等待著十月二十七日，在霧社蕃童公學校的運動會場上展開反擊。

← 殺戮過後，染血之地備感淒清。

↓ 十月二十七日，起事六社匯集於公學校，展開大規模反抗。

⬆ 日軍以飛機、大砲強力砲轟馬赫坡，整起事件接近尾聲。

⬅ 起事族人在日本現代武器的逼迫下，退入森林中，展開游擊對戰。

落幕，未完……
這場戰役持續了多久？五十餘天？對當時身在其中的族人來說，
也許是生命一瞬的綻放，或者是靈魂得以與祖先相聚的永遠……

推薦一

曾經的英勇史詩

《賽德克．巴萊》導演　魏德聖

歷史，總有許多令人無法理解的「為什麼？」

人物，總是黑白靜止得讓歷史活不起來。

我喜歡沉浸在歷史故事的氛圍裡，多半是因為十幾年前接觸到邱若龍的這本漫畫，頭腦裡的許多黑白圖像全活起來了。他不僅清楚交代了整個霧社事件的來龍去脈，還啟發了我們對歷史圖像的想像氛圍。

和小龍初識在他十幾年前的霧社事件紀錄片拍攝上。印象最深的一次：當要受訪的老人和孫子剛從教會回家，老人要我們先等他煮個泡麵給孫子吃，孫子一直纏著我們問：「為什麼你們要拍我阿公？」

「因為你阿公是英雄呀！」小龍這麼回答，那小孫子走去老人身邊傳達小龍的話，老人似乎有點重聽地又問了一次。小孩以夾雜漢語的族語又回答了一次。

老人笑開了懷。

老人笑開了懷……有多久了，我們忘記自己曾經的歷史和驕傲。這本漫畫，扮演著一個提話的角色。

「別忘了曾經的英勇！」

終於等到二〇一一年了。今年確實是個不一樣的年，不全然它叫做民國一百年，而是因為今年不僅有小龍的漫畫全新出版，還有我們曾一起經歷風霜的《賽德克．巴萊》電影製作，將聯合台灣原住民族的精神，一起告知全世界這一個……曾經的英勇史詩。

獵鷹般的眼神

編劇・導演・演員・賽德克族人　馬志翔（Umin Boya）

會認識邱大哥，是在幾年前以「賽德克族—霧社事件」為主題的公視連續劇的合作上。記得那時候身為賽德克族「後裔」的我，卻在使用著漢名「馬志翔」。

大大的黑框眼鏡、長長的山羊鬍子是我對邱大哥的第一印象。當他談起霧社事件時，那充滿自信般的「獵鷹」眼神到現在我還記憶猶新。一開始我只是出於好奇，一個操著台灣國語的「平地」漢人，怎麼可能對「山上」原住民的歷史會有這麼深刻的了解。但當我細讀每篇漫畫的章節時，心中卻是感慨、羞愧不已。

一方面我痛心先祖們在那個時代不可阻擋的遭遇，而族人面對死亡的態度也讓受現代教育的我感到震撼；另一方面，邱大哥帶領我回到一九三〇年的霧社，在他畫筆下的生動人物、從賽德克族角度所觀看的歷史事件，尤其是賽德克族人對於生命的態度與Gaya（祖訓與規範），像活生生地出現在我眼前。書中先祖們在公學校揮下那第一刀，猶如穿越時空般，在八十年後給了我一記當頭棒喝，讓「後裔」的我深深慚愧自己的後覺與對自我文化的無知。

多年後，因為拍攝電影《賽德克・巴萊》，再一次見到了邱大哥。我正在用自己的方式努力回歸自我（至少我是這麼期盼著）。在重新認識自己之後，身分證上的姓名欄已經驕傲地換上祖先給的賽德克族名「Umin Boya」。而許久不見的邱大哥，多了份族人般的親切感。他臉上的鬍子變長了，原本的黑框眼鏡也因為框架斷過而多了膠帶纏繞，但唯一不變的是眼鏡後「獵鷹」般的眼神，在他談起霧社事件時仍然光亮不減。

電影拍攝完成之後，聽到自己有幸能幫漫畫寫序時，像聽到槍聲就興奮的獵狗一樣，心裡萬分期待。但了解寫序其實是件學問，不免擔心自己不像獵狗，而像逃跑的山豬，無法為此事盡些心力。截稿的前一晚，趁著那槍聲還沒響，又把漫畫從頭再拜讀了一遍。當看到族人們成功地踏上了Hakau-utux（彩虹橋），終於到達彼岸與祖靈相聚時，不覺地，我不只是隻興奮的獵狗，我似乎也「獵鷹」了起來……

成為歷史風景的一部分

原住民委員會主任委員　孫大川（paelabang danapan）

去年（二〇一〇年）是霧社事件八十週年紀念，有一些官方的儀式，也有一場國際研討會；魏德聖籌拍的《賽德克．巴萊》雖吸引了文化圈的關注，但也招致若干來自族人的爭議。事隔八十年，不同世代的人對這場歷史悲劇，顯然各有不同的解讀，故事還沒有說完……

日本方面，事件發生後，官方當然有它的標準說詞，但看當時的總督石塚英藏為此事件引咎辭職，便可推知對帝國來說，這大概不算什麼太光彩的事。儘管如此，日本文化界對於這個事件卻始終抱持一定的興趣，不但有史實、史料的論辯，也有散文、小說的創作。日本學者河原功就清點出四十九種與霧社事件相關的作品，包括佐藤春夫〈霧社〉、山部歌津子《蕃人來沙》、大鹿卓〈野蠻人〉、中村地平〈霧之蕃社〉、西川滿〈蕃歌〉、坂口䙥子〈蕃地〉、守山雅美〈馬赫坡的洞窟〉等等。多年前，已故旅日知名學者戴國煇，向我展示了他長期以來蒐集的有關霧社事件史料，並感慨地說，以他的時間和身分，恐怕無法消化、處理這些資料，他期盼後來者，尤其原住民能接續研究和詮釋的工作。

戰後，國府遷台，霧社事件很快被定位成「抗日事件」，並在國府有效的文宣編排下，變成新國族論述的事證，原住民的主體性悄悄地被置換了。情況的轉變應該是九〇年代以後的事了。這當中除了原住民運動之興起外，鄧相揚的報導文學、舞鶴的《餘生》，甚至一部又一部以霧社事件為背景的影像呈現，逐步讓我們有機會更深入的從內部去理解霧社事件所隱藏的歷史能量。不過，在這漫長的八十年中，以「漫畫」的書寫形式深刻地描繪霧社事件，以Gaya、莫那．魯道的觀點訴說這個歷史故事的箇中翹楚，則非邱若龍莫屬。相較於學者的研究專論、文學敘述，若龍的漫畫更具普及性，讓一般民眾以及年輕世代，甚至小朋友們有機會透過他生動的畫筆認識霧社的悲劇，了解原住民歷史。

更可貴的是，若龍的漫畫書寫，憑藉的除了他繪畫的才氣之外，史實的考據、服飾的講究、建築形式的掌握、風土民情的考察，甚至族群系譜的關連等大大小小的細節，用的全是真功夫。當初，我認識邱若龍的時候，他就已經是個「霧社迷」了，為了霧社事件的漫畫，他進駐泰雅各部落，栽進賽德克族文化中，與族人為友，一起生活、工作，認真記錄、訪問，他的生命與「霧社」緊密相連。

二十年來，除了出版歷史漫畫書外，他還拍攝紀錄片，探究賽德克族人的精神信仰，並協助擔任電視劇《風中緋櫻》的美術指導；最近更擔綱魏德聖電影《賽德克．巴萊》的美術顧問。舉凡與霧社事件相關的周邊事務，電視電影中的部落場景、族人服裝和道具等製作，所仰賴的藍圖，就是邱若龍用生命繪出的一幅又一幅「霧社」彩圖。這些生命彩圖不僅成就了霧社故事許多不同的敘述方式，也讓若龍與春陽部落的賽德克女子伊萬結為連理，走入自己繪製的風景中，心甘情願、順理成章地成為「霧社」永遠的一份子。

伴隨魏德聖導演拍攝的電影《賽德克．巴萊》，今年若龍的漫畫以《漫畫．巴萊》之名全新出版，電影、漫畫相輔相成，應該可以為建國一百年提供一個更具原住民視角的歷史反省。

如臨其境的閱讀感動

南投縣長　李朝卿

台灣的創造力與生命力，來自於多元文化的激盪，而其中原住民族充滿魅力的獨特風格，更是我們重要的資產之一。

南投縣境內包括賽德克族在內的原住居民，是我長期關注的課題，在積極推廣社區營造與文化傳播的過程中，特別能體會他們團結合作的精神與活躍的創造力，而每一個民族獨有的智慧與信念，都是值得我們再三探究的。

二〇〇八年四月，賽德克族正式成為我國第十四個原住民族，即使在現在，我都可以這樣說：「我們對賽德克族的了解才正要開始呢！」對此我要感謝邱若龍先生與魏德聖導演，正因為他們投注了相當的時間與心力，才能讓大家有機會完整而深入認識賽德克族人的生活、文化、民俗、宗教、信仰、價值觀，進而從了解學會包容與尊重。

《漫畫・巴萊》作者邱若龍先生投入了二十年以上的時間與心力，以歷史學家的專業精神與嚴謹態度，完成了這部堪稱是台灣第一部歷史調查「漫畫」，而書中賽德克民族的真實面貌與霧社事件的歷史重現，讀來真有如臨現場之感。漫畫是一般讀者最容易進入的閱讀形式，從孩子到成人可以說是完全沒有閱讀障礙；它也是台灣歷史與原住民課程非常好的輔助教材。我以為，這也是邱若龍先生要用漫畫表現的深刻用心。

魏德聖導演傾全力拍攝的史詩大片《賽德克・巴萊》，是二〇一一年台灣的大事，極可能成為全民運動，若是能以閱讀《漫畫・巴萊》做為觀賞電影前的前導學習，是最適合不過了。先輕鬆擁有了整個事件的基礎認識，在觀賞魏導電影時，一定會有更深刻的體會。

推薦五

用生命描繪賽德克族

政治大學民族學系講師　伊萬・納威

八〇年代，邱若龍自高職美工科畢業，告別多數追求升學的同學們，穿著夾腳拖「實踐自我」去了。自一九八五年開始「新生命」的旅程，他毫無牽絆地一頭鑽進賽德克族的文化與歷史，歷經五年完成了霧社事件漫畫。初出版的時間正與原住民族運動當下追求「民族尊嚴」的氛圍自然交融在一起，其所描繪霧社事件主角莫那・魯道的原住民形象標誌及其作為，也提供了一些助力。

霧社事件的漫畫完成至今已有二十年的光陰，作者並未因時空的轉變而對霧社事件感到索然無味，反而更擴展事件本身及其相關的事物。除了原住民族研究，長期涉獵台灣歷史、軍事、民俗等領域；與歷史事件相關的任何一個器物的蒐藏研究，都成為他每日接觸的事物。

莫那・魯道可以說已深植其生命，成為他生活哲學與生命價值的一部分。與他相處的這些年來，生活充滿對霧社事件人、事、物的深刻領悟，並具有「以昔照今」的本事，能充分體悟現代原住民族面臨的困境。近年來，他更悠遊於不同形式的參與及創作，像是動畫、影視等美術顧問工作。他不僅僅是漫畫家或藝術家，也是台灣少數擁有藝術創作天分與描繪歷史能力的史學家。

歷史在不同時空，產生不同的啟發。「歷久彌新」是我對本著作的詮釋，今為電影《賽德克・巴萊》上映前夕，本書全新出版，名為《漫畫・巴萊》，期待讀者用輕鬆、平易近人的方式，閱讀賽德克族霧社事件的過程。做為家人與族人，我們都深感與有榮焉！

自序

成為驕傲的「賽德克・巴萊」

邱若龍

險峻的山林中，一群日軍突然遭受到身穿紅白色傳統賽德克服裝的勇士不顧生死的衝殺！硝煙四起，爆炸聲、槍聲、慘叫聲響徹山谷，這正是一九三〇年所發生的「霧社事件」，而我竟身處其中。

難道是時光倒流嗎？咦？指揮作戰的人竟然不是莫那・魯道，而是一個帶著多焦鏡片的削瘦青年。「卡！」哎呀！原來是小魏正在拍攝的鉅資電影《賽德克・巴萊》的場景。實在太逼真了，使我一時晃神，差點跳入參加戰鬥呢！

十多年了，當初小魏看了我的漫畫，又得知我正在拍攝賽德克族紀錄片《Gaya—1930年的霧社事件與賽德克族》時，主動要求來當義工。當時他就發下豪語，將來一定要把霧社事件搬上大銀幕。今天，他的電影《賽德克・巴萊》即將上映，這中間的過程可以說是從不可能到夢想實現，靠的是小魏不屈不撓的拚鬥精神。這大概是他所崇敬的莫那・魯道給他的加持吧！而莫那・魯道與賽德克族人的事蹟，小魏可說是用盡「辦法」以這部電影來向他們致敬！而我也有幸參與了電影的美術顧問工作，感受到導演與整個劇組的努力。

這一次，這本「歷史」漫畫全新出版，希望能為《賽德克・巴萊》熱身。因為看了這本漫畫的讀者，一定非看電影不可！而看了電影的觀眾，也應該來看看這本漫畫！

最後，祝全台灣的人，有一天都能像「真正的人」——賽德克・巴萊一樣，驕傲地活在世界上。

漫畫·巴萊

目次

【推薦一】曾經的英勇史詩／魏德聖 17
【推薦二】獵鷹般的眼神／馬志翔 18
【推薦三】成為歷史風景的一部分／孫大川 20
【推薦四】如臨其境的閱讀感動／李朝卿 22
【推薦五】用生命描繪賽德克族／伊萬·納威 24
【自 序】成為驕傲的「賽德克·巴萊」／邱若龍 25

霧社事件關係地圖 28
主要人物簡介 30

第1章 33
第2章 49
第3章 65
第4章 81

第5章 97
第6章 113
第7章 129
第8章 145
第9章 161
第10章 177
第11章 193
第12章 209
第13章 225
第14章 241
第15章 257
第16章 273
賽德克族文化小事典 289
有Gaya指引的漫畫人生 295

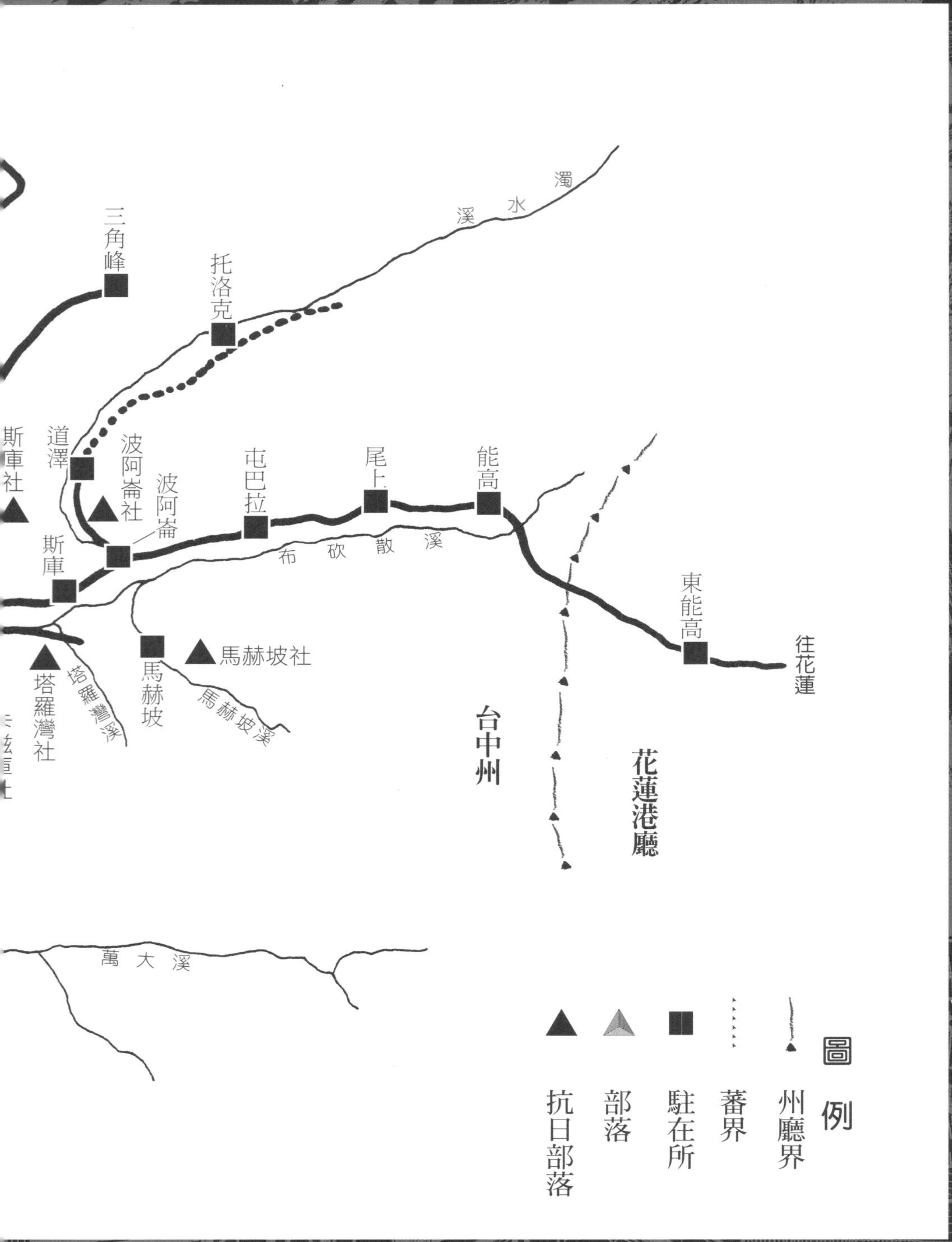

三角峰
托洛克
濁水溪
斯庫社
道澤
波阿崙社
波阿崙
屯巴拉
尾上
能高
布砍散溪
斯庫
塔羅灣社
塔羅灣溪
馬赫坡
馬赫坡社
馬赫坡溪
東能高
往花蓮
台中州
花蓮港廳
萬大溪
圖例
州廳界
蕃界
駐在所
部落
抗日部落

霧社事件關係地圖

主要人物簡介

莫那·魯道

賽德克族德克達雅群馬赫坡社頭目。性格豪邁，一生出草數十次。對日本人的高壓統治極力反抗，於霧社事件後以三八式騎兵槍自盡。

達多·莫那

莫那·魯道長子。在霧社事件中奮戰到最後一刻，直到打完最後一顆子彈，才上吊自殺。

巴索·莫那

莫那·魯道次子。個性衝動、勇猛。於戰鬥時中彈，請族人代為了結性命。

馬紅·莫那

莫那·魯道女兒。事件發生時自殺被救，後被日本人俘虜，逼迫其至森林中勸降達多·莫那。她是莫那一家在事件之後的唯一存活者。

花岡一郎（右）

花岡二郎（左）

德克達雅群荷戈社青年，受日本人栽培成為日本化的模範。事件中，一郎切腹而亡，二郎上吊自殺。他們兩人的忠奸之辨，成為歷史謎團，也讓後人有了更多想像。

高山初子（原名：歐嬪・塔道）

德克達雅群荷戈社頭目之女。她受日本教育，並安排嫁給了花岡二郎。是事件後的倖存者，也是作者最早接觸的事件關係人。於民國八十五年辭世。

比荷・瓦力斯（右）

比荷・沙波（左）

荷戈社青年，兩人為表兄弟，都是日本人眼中的不良蕃丁。因不堪日本人的苦役而謀畫起事，可說是霧社事件最早的策動者。

小島源治（右）

道澤駐在所巡查。事件時巧妙地扭轉道澤群的動向。其子死於霧社公學校。有許多線索指向他與第二次霧社事件的屠殺有關。

佐塚愛祐（左）

霧社分室主任，是新上任的官員。其妻子為泰雅族人。有傳言他對金錢特別中意，會霸佔族人勞役的薪資，這可能也是引發事件的原因之一。事件發生時，被起事族人砍頭。

賽德克巴萊
Seediq Bale

漫畫·巴萊 1

台灣第一部霧社事件歷史漫畫

一九二九年，日本政府在霧社因遷建駐在所和附屬建築物，以及架設各機關房舍、警備用道路、橋樑等工程而大興土木。

霧社郵便局
霧社分室
宿舍
一九三〇年，又相繼進行霧社小學校、霧社公學校、霧社俱樂部等建築工程，以低工資強迫霧社的賽德克族人服勞役，砍伐、搬運建築所需之木材！前後驅役賽德克族人從事大小工程達九件之多。
而且，日本人不顧是否為賽德克族的耕作期或狩獵期，皆強迫他們服勞役。他們因此荒廢工作，或耽誤獵期……

這對於在山裡過慣了自由且不受拘束生活的族人來說，真是令人痛苦而厭惡。
建築所用的木材，都是由馬赫坡社後的馬赫坡山砍伐搬運而來。
而由馬赫坡製材所到霧社，一路均是難行的險坡……

呀！
哎唷！

好難受！
真是不習慣！
為什麼非用抬的不可？
好！
還是按照我們原來的老方法吧！
呀！

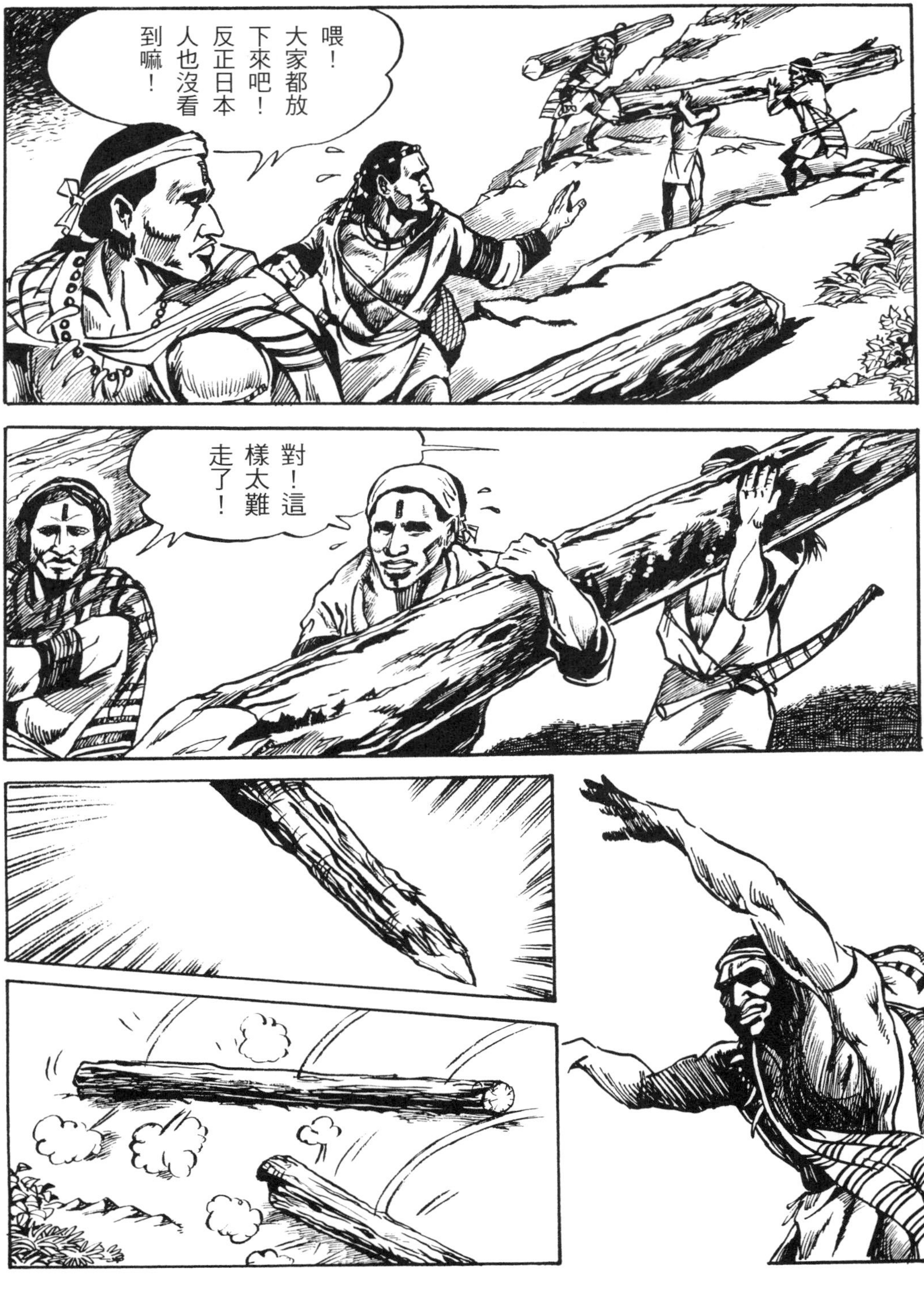
喂！大家都放下來吧！反正日本人也沒看到嘛！
對！這樣太難走了！

呀！喝！
呵呵！這才是我們祖先傳下來的方法。

馬赫坡（今廬山溫泉）

巴該野鹿！（混蛋）
馬赫坡製材所
能高郡 マヘボ製材所

不是叫你們木材要用抬的！難道聽不懂嗎!?

這樣的木材怎麼能用！簡直是朽木！
要你們搬這些木材，還不是為了你們好。
是為了幫你們建設學校、架設橋樑，以及修路、修水渠等……
你們這些生蕃，根本是不知好歹。

哼！達那都奴（日本人），你說謊！
哼！你們日本人真是不要臉，口口聲聲說是為了我們，其實這些建築全都是你們在用，哪一件是用在我們賽德克人身上？有！只有在流血流汗時，才有我們賽德克人的份。呸！日本人是什麼東西！
你……你想幹什麼？

放肆！
啪！

唔！我受不了啦……
可惡！呀！
看我割下你的都奴（頭）！
住手！比荷・沙波！

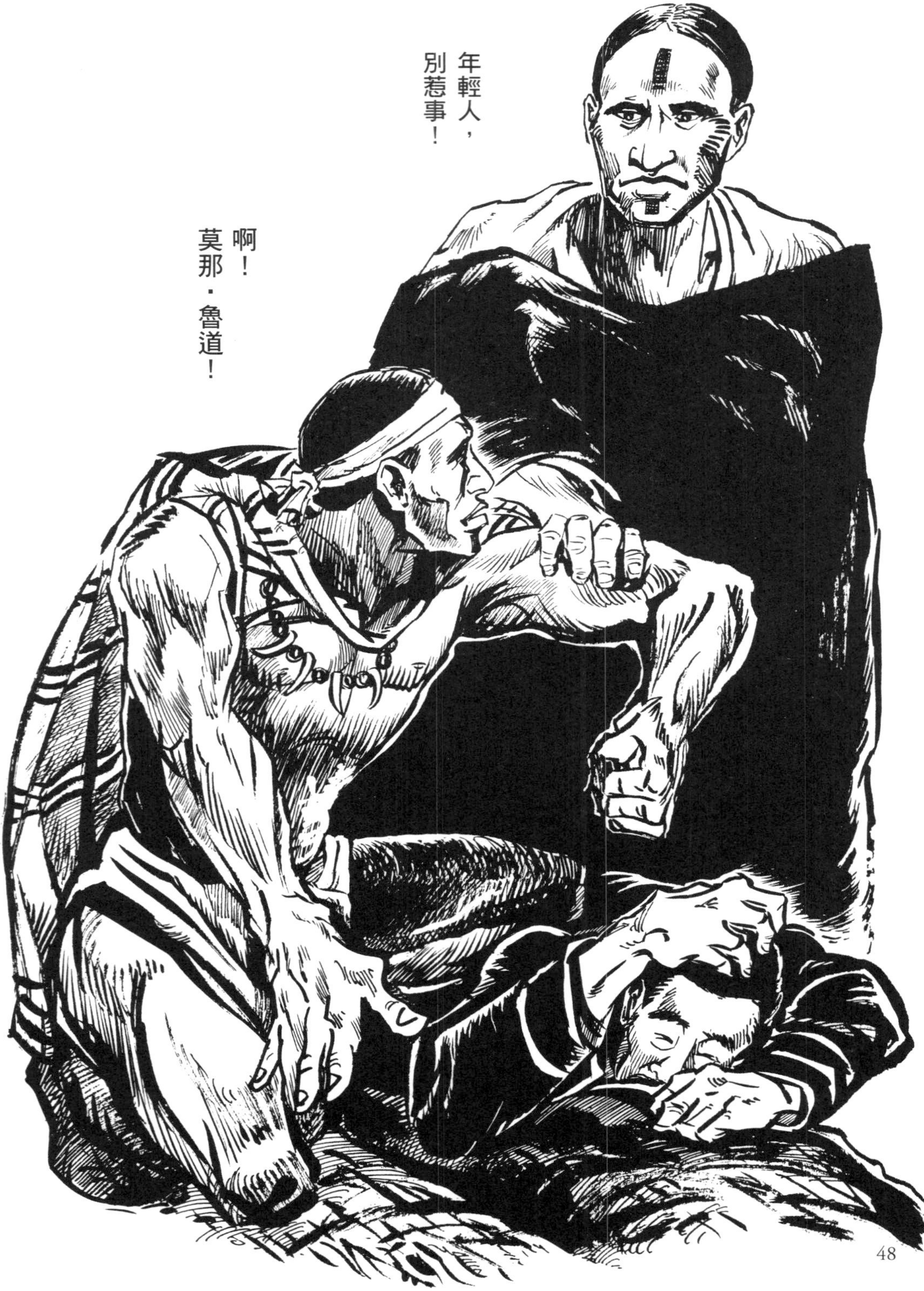
年輕人，別惹事！
啊！莫那·魯道！

賽德克巴萊
Seediq Bale

漫畫·巴萊 2

台灣第一部霧社事件歷史漫畫

快下來向吉村大人道歉！
什麼!?是他先……
啊！大人，我代替比荷向您道歉，請您原諒。
哼！竟敢毆打巡查！完全不可原諒……

大人，他並沒有打到您啊！我相信他也不敢打您的。
他只是一時衝動，不小心把您撞倒了。再說，真打起來，他哪裡是您這柔道高手的對手呢？
年輕人不懂事，您就不要跟他計較了吧。
我以後會好好管教他們的。
唔！看在你莫那・魯道的面子上，我就原諒他一次！
哼！比荷・沙波！你以後給我安分點……

阿里阿豆（謝謝）！明天我帶點山肉到製材所來看你……
現在跟你們起衝突，我不死才怪，下次再找機會報復……
對了，下次搬運木材一定要用抬的，懂嗎!?
是的！是的！
好，解散吧！
薪水下次再一起發。
莫那頭目！你不知道，是吉村巡查先打人的！
唉，我知道！

不要再說啦！日本人所做的一切，我都看得一清二楚！
但是，我要你們別衝動！否則吃虧倒楣的還是我們。
莫那頭目是怎麼搞的？
一點都不像以前的他……
真的……

今天又拿不到工資了，真可惡！
算了！下次一起給也一樣。
……
早一點回去吧！家裡的田都還沒整理呢。
走了嗎!?
哼！比荷・沙波！你等著瞧吧！

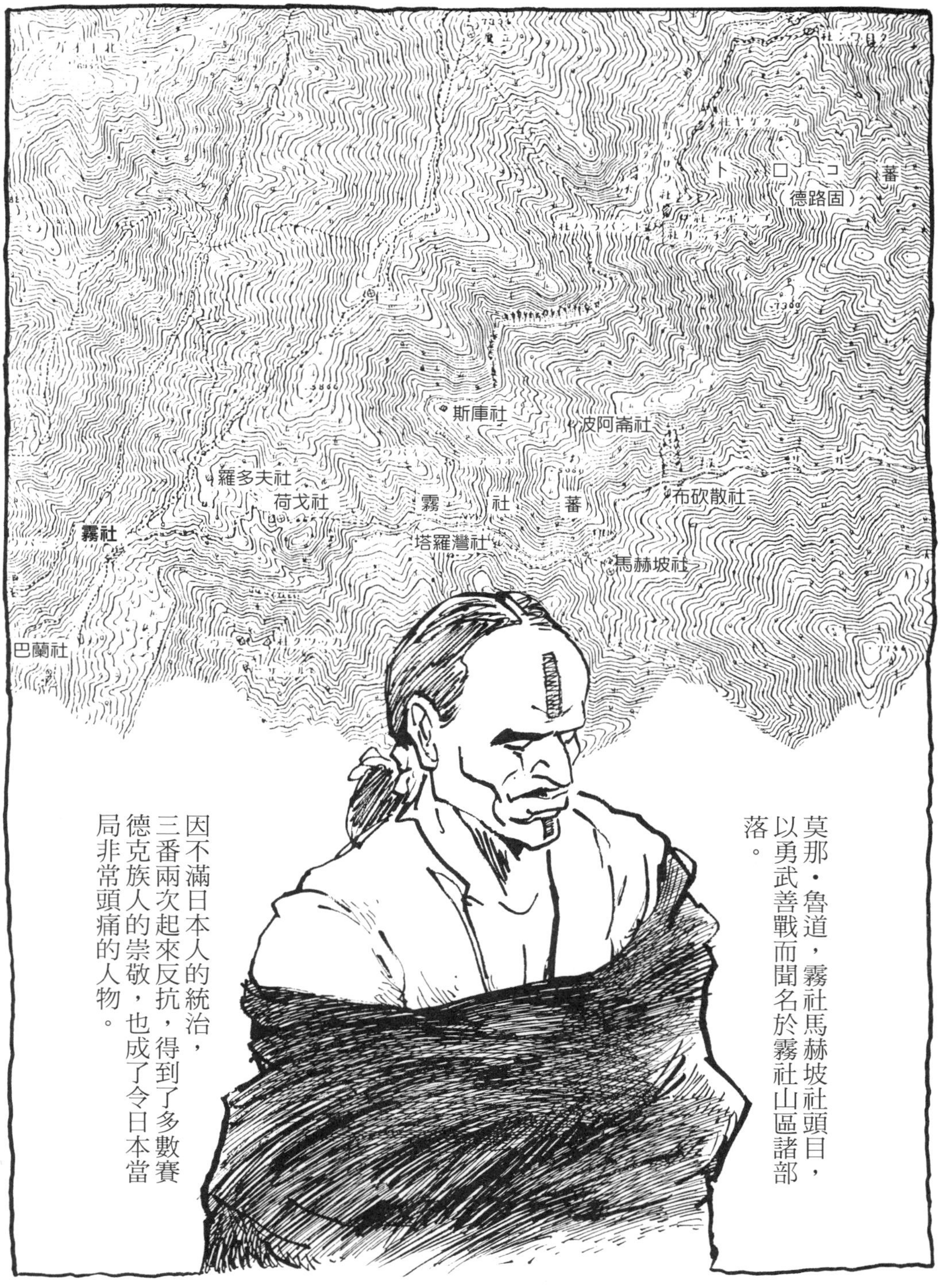
トロコ蕃
(德路固)
斯庫社
波阿崙社
羅多夫社
荷戈社
霧社蕃
布砍散社
霧社
塔羅灣社
馬赫坡社
巴蘭社
莫那・魯道，霧社馬赫坡社頭目，以勇武善戰而聞名於霧社山區諸部落。
因不滿日本人的統治，三番兩次起來反抗，得到了多數賽德克族人的崇敬，也成了令日本當局非常頭痛的人物。

泰雅族
台北
新竹
宜蘭
霧社
埔里
花蓮
嘉義
高雄
屏東
賽德克族

賽德克族過去被歸類於泰雅族中，因為兩者文化非常相近，唯有語言不通而已。

一般所稱的泰雅族，是台灣原住民當中分布最廣、族性最強悍的山地民族。他們會在臉部紋面，善戰，且有「出草」文化。因其居於北部山區，所以清朝時稱其為「北番」或「黥面番」。

賽德克人以山田燒墾及狩獵維生……

在深山中過著自給自足的生活。清朝時，政府以「井水不犯河水」的態度與其相處。

但是，自從台灣割讓給日本之後，日本殖民政府為了得到中央山脈廣大的森林資源，
蕃人是一大阻礙！
而在台灣總督府的策劃之下，展開了血腥的「理蕃五年計畫」！凡不肯歸順日本政府者，就展開一連串的討伐……

並將原住民賴以維生的土地收為官有林地，禁止打獵、耕種，也限制他們的行動自由，不得隨意旅行，沒收槍枝，嚴禁獵首、紋面等……違者重罰。
美其名說是要將文明之風送入蕃界，其實不過是日本人為了自身利益，意圖控制山地，而不惜對原住民大開殺戒。
頑強的賽德克族人，自然是日本「理蕃計畫」下最大的目標。
於是一連串的抗爭接連而起！
呀！

但是，儘管賽德克族人的刀再鋒利，箭法再精準，在強大現代武力的殺戮與密不透風的封鎖之下，終究敵不過日本而棄械投降。
莫那・魯道的父親，也就是馬赫坡社頭目魯道・鹿黑，就是反抗日軍而戰死的。日本的勢力也在那時候進入霧社，而且很快的，日警就控制了整個霧社……
莫那繼其父之後，擔任馬赫坡社的頭目！
賽德克族頭目既非世襲，亦非選舉產生，而是全憑個人實力贏得。
一百九十公分高、勇猛剽悍的莫那・魯道，立刻成了族人的寄望所在。

此時日本人以鎮壓為主、懷柔為輔之手段，以及解除蕃人武裝的理蕃政策，正邁入結束時期。總督府改採安撫政策，力圖拉攏部落酋長，使之成為順民。
日本當局甚至招待台灣原住民各族酋長、有力人士赴日觀光。莫那・魯道也在一九一二年春天和其他族酋長等五十三人，在總督府官員率領下赴日參觀了……
東京、神戶、橫須賀、
名古屋、京都、奈良、大阪、廣島等……
除了城市外，最重要的參觀地點還是軍港、軍區、兵工廠。
嘿嘿……

重點是炫耀大日本的國力和軍力！想使這些「頑固的生蕃」領袖不敢再有反抗之心。日本政府的這種措施，與其說是「招待」、「觀光」，倒不如說是向原住民頭目「示威」、「恐嚇」！

但莫那．魯道卻不為所動，仍於一九二〇年和一九二五年兩次率眾企圖反日。

但都因事機不密，為日警所獲悉，而未能成功……

此時的霧社，由於正處能高橫貫公路之要衝，且中央山脈連亙其間，
霧社分室根據總督府的懷柔政策，兩度釋放莫那・魯道，並未給予處罰！
而兩次失敗的經驗，也使得莫那・魯道更加謹慎，表面上對日警儘量表示恭順，不再反抗……

在佐久間總督對原住民施行高壓討伐政策之後，日本人以為山地地區已經馴服且逐漸安定，因而來此地遊覽的旅客漸增。
所以日本人也在霧社設立了能高郡警察課分室、郵局等，且有日本人經營的旅館、雜貨店。
移居霧社的平地人也年年增多。
日本人為了教化原住民子弟，也在霧社設立了學校。
並在各部落設有衛生療養所。
還有產業指導所及養蠶指導所之設置。以當時台灣山地而言，霧社地區可稱得上是開化的首善之區。日語的普及、生活的改善、郵政儲款之高、與埔里地區平地人的密切往來，均為其他山區所望塵莫及！

賽德克·巴萊
Seediq Bale

漫畫·巴萊 3

台灣第一部霧社事件歷史漫畫

霧社山區，表面上呈現出一片繁榮安定的景象。
日本人自以為已馴服了這些頑強的原住民而洋洋得意，當局也裁減了警備人員。
各駐在所平均僅留二至三名巡查，有的地方甚至僅有一名勤務。
日本人深信這群曾被叫做「蕃族中的流氓」的賽德克族人，已完完全全被收服；至少在日本強大的軍火下，兇悍的老鷹也成了驚弓之鳥，不敢有所作為！
日本人自己也就愈來愈囂張。

雖然這時候連最頑強、兇悍的莫那・魯道也不得不向日本人擺出恭順、服從的姿態……
但是，有誰甘願永遠生活在……
到處充滿地雷或通電鐵網且被任意討伐的日子裡。

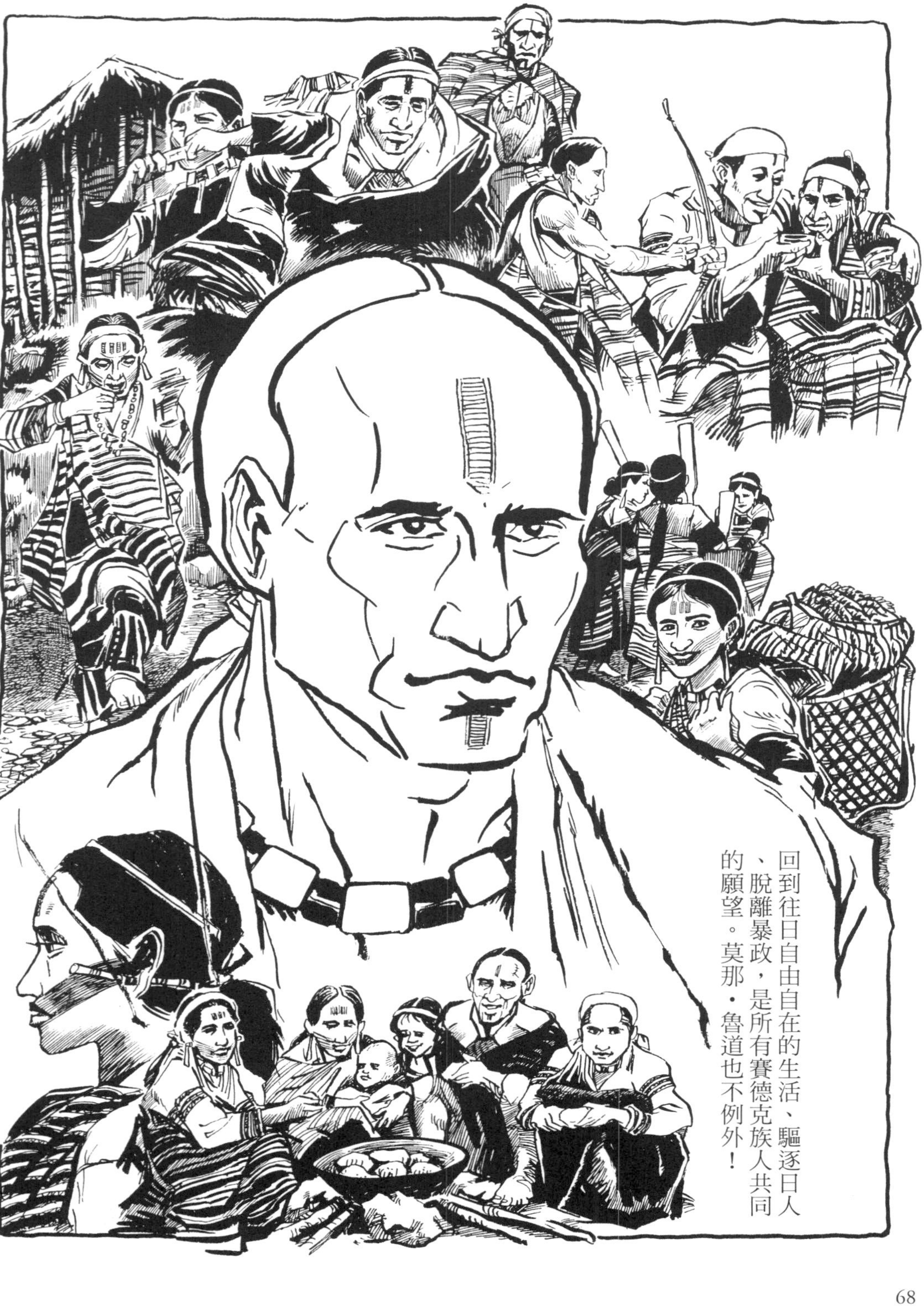
回到往日自由自在的生活、驅逐日人、脫離暴政，是所有賽德克族人共同的願望。莫那・魯道也不例外！

他不過是在等待機會而已呀！

荷戈社
（今春陽村）
喝酒！
真是太氣人了！沒出息！
哼……

竟然連莫那・魯道都向日本人低聲下氣！這個世界上已經沒有賽德克（人）啦！
可惡！
比荷・瓦力斯（三十多歲）
喂！至少還有我比荷・瓦力斯呀！
對！我們還有比荷・瓦力斯！
比荷・沙波（二十多歲）
這對堂兄弟，是日本人眼中的「不良蕃丁」，也是霧社事件最早的策動者……

出生於荷戈社的比荷・沙波，生性愛好自由，自幼就對日本人的統治感到厭惡，常常不把日本人的禁令放在眼裡，不久之前才因出草的問題被日本人處罰，因此更加痛恨日本人！
比荷・瓦力斯的命運十分悲慘，在他幼年時，因為父親參加抗日活動，日警放火燒他們全家，一家五口只有瓦力斯因為不在家而得以活命……

所以當他長大後，無日不伺機報仇，發誓非殺光日本人不可，以慰父母兄弟在天之靈……
走！兄弟，到我那裡喝一杯！
總有一天我要殺光日本人……
喂！你們兩個不要喝酒鬧事呀！
咦！
哈！我還以為是誰呢？原來是我們的大走狗！
花岡一郎先生，勞駕您來管理我們，真不好意思……喔！
我沒資格跟你說話喲！因為我是「蕃人」！
唔……

「花岡一郎」本名「達奇斯」，荷戈社青年，為賽德克族籍的日本乙等巡查。
蕃童教育所
達奇斯從小個性內向，但頭腦非常聰明。
他被日本人發現是個天才而刻意栽培，讓他到埔里受教育。
喔！沒想到蕃人也有這麼聰明的！嗯，不錯，不錯。
並為他取了個日本名字「花岡一郎」。
冬の門
花岡一郎也不負眾望，成了台灣原住民族中第一個考上師範學校的人。當時的日本人也很高興有了這個完全日本化的賽德克族青年。

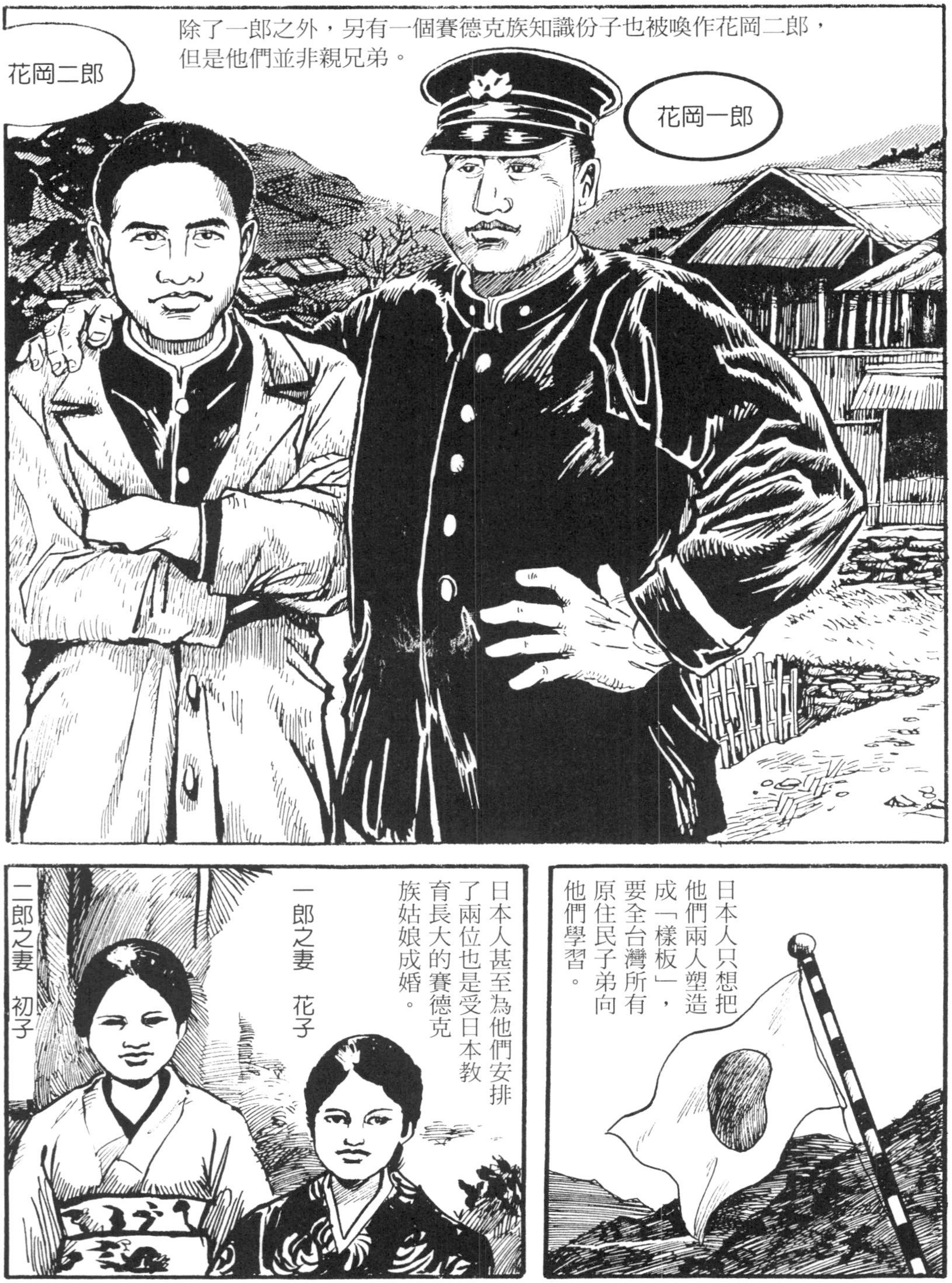
除了一郎之外，另有一個賽德克族知識份子也被喚作花岡二郎，但是他們並非親兄弟。
花岡二郎
花岡一郎
日本人只想把他們兩人塑造成「樣板」，要全台灣所有原住民子弟向他們學習。
日本人甚至為他們安排了兩位也是受日本教育長大的賽德克族姑娘成婚。
一郎之妻　花子
二郎之妻　初子

過著完全日本化的生活……
連婚禮也是日本式的。
這在當時的山地部落，是絕無僅有。
「當日本人比當生蕃、野蕃好太多了！」一郎心想。

從小就被灌輸皇民思想，也一直努力學習如何成為一個真正「日本人」的一郎……
終於在師範學校畢業後，被分發到霧社分室，當一名日本巡查；二郎則是當警手。
但是，不久後……
呃？咦？我的薪水是不是算錯了？
哈！沒有錯！你能拿三十五圓，已經算不錯了！
!?

同樣是當巡查，一郎只能拿到本俸三十五圓，而日本人卻可另加百分之六十的「加俸」，還有蕃地勤務津貼等等，實際所得超過一郎一倍以上。
更何況，一郎還是所有巡查當中學歷最高的……
更讓一郎難過的，不是日本人常在言行當中對他表露鄙視與不屑，而是族人對他的冷嘲熱諷。
嘿！你不是日本人嗎？怎麼也吃生肉？
直到現在，他才明白自己在族人心中的地位……
呸！走狗！
夾在日本人與賽德克族人中間的一郎，到底哪條才是他該走的路呢？他心裡不斷地翻騰著！……

表面上看似風和日麗、安詳寧靜的霧社山區……

在一層又一層的薄霧瀰漫下，終為不見五指的濃密水氣所籠罩……

而這會不會轉變成一場突如其來的暴風雨!?

賽德克巴萊
Seediq Bale

漫畫·巴萊 4

台灣第一部霧社事件歷史漫畫

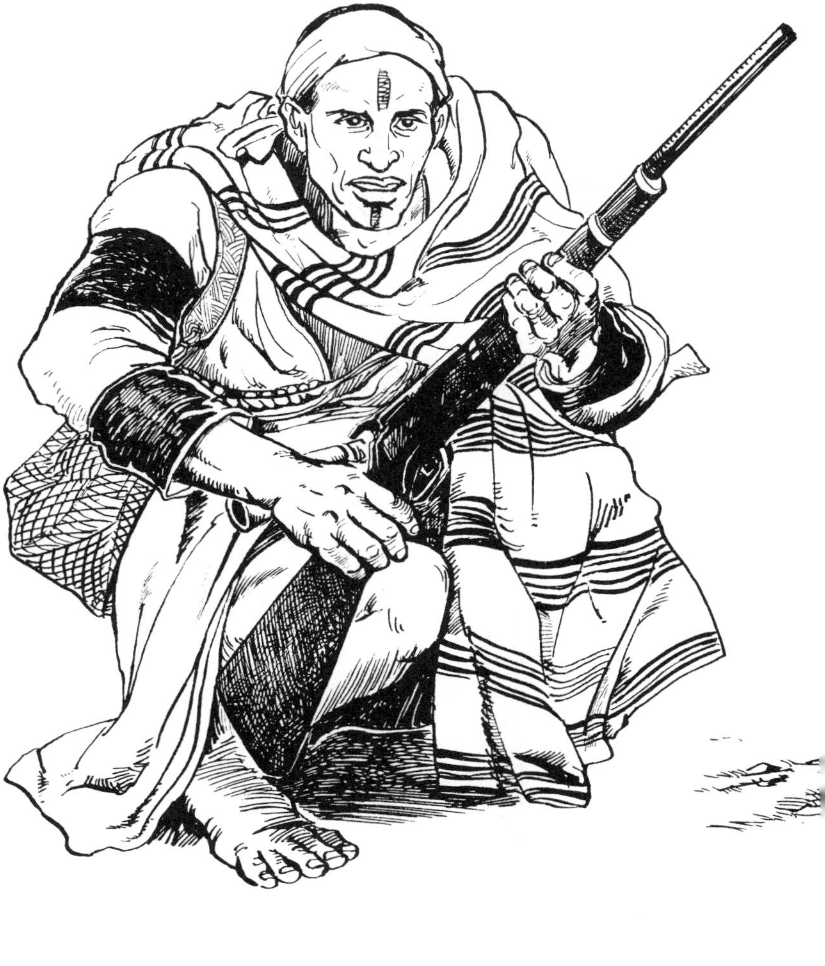

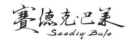

在能高山⋯⋯

奇萊山……

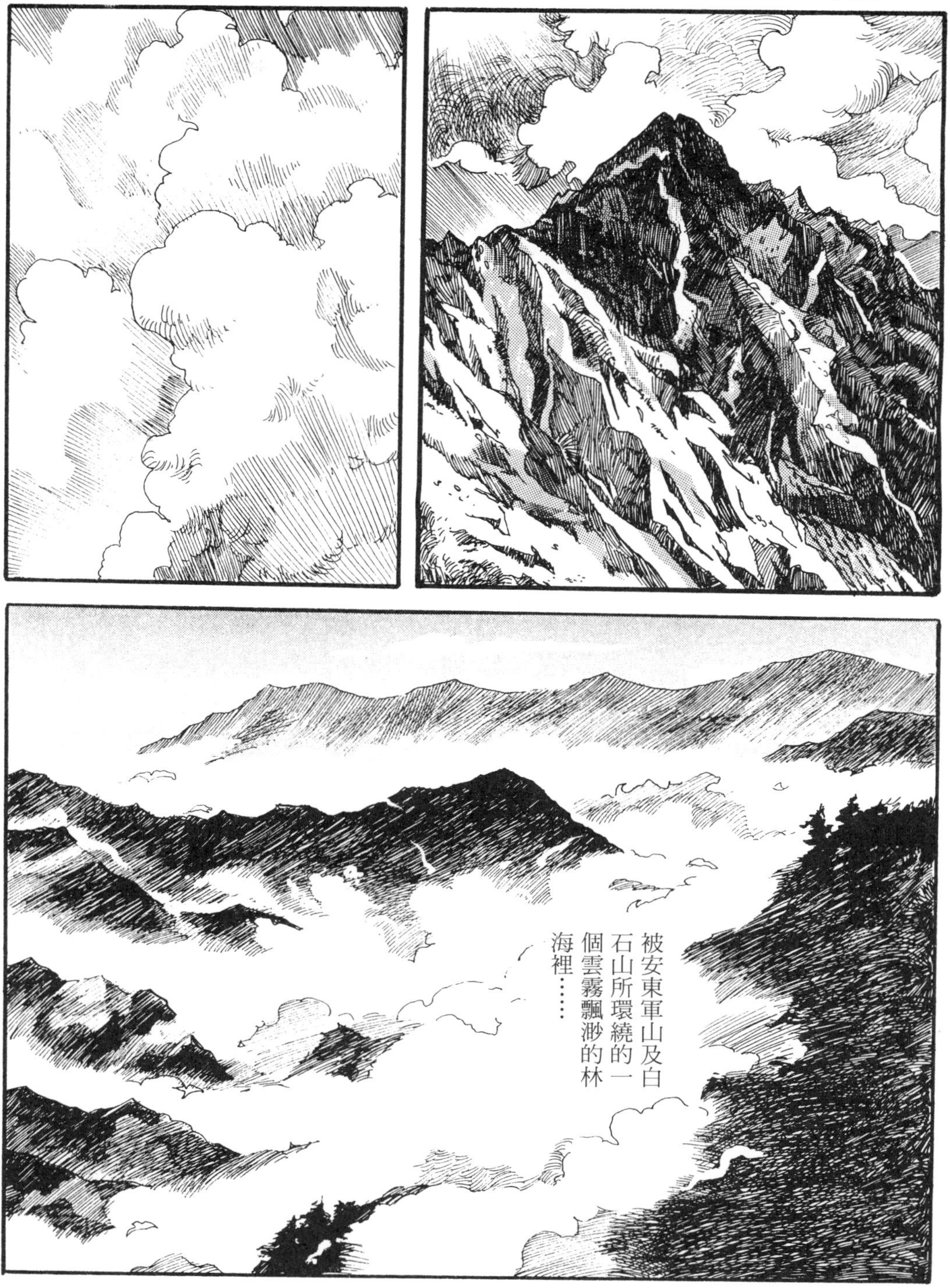
被安東軍山及白石山所環繞的一個雲霧飄渺的林海裡……

人類是由一棵奇怪的、半石半木的樹神中
誕生出來的，
這就是賽德克族人的起源傳說之一。

賽德克族人
最初定居在
塔羅灣（「
根據地」之
意），後來
人口繁衍，
分成了三個
支系，各自
往外發展。

其中活動力最強、領域也最廣的一支就是清朝時被稱為「致霧蕃」、而日本人稱為「霧社蕃」的德克達雅群賽德克族人。

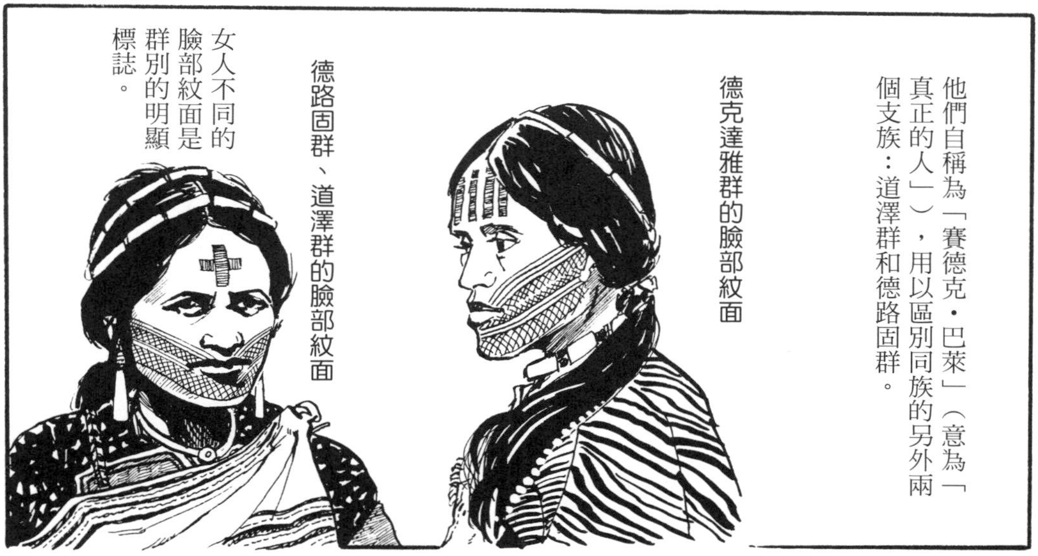
他們自稱為「賽德克・巴萊」（意為「真正的人」），用以區別同族的另外兩個支族：道澤群和德路固群。
德克達雅群的臉部紋面
德路固群、道澤群的臉部紋面
女人不同的臉部紋面是群別的明顯標誌。

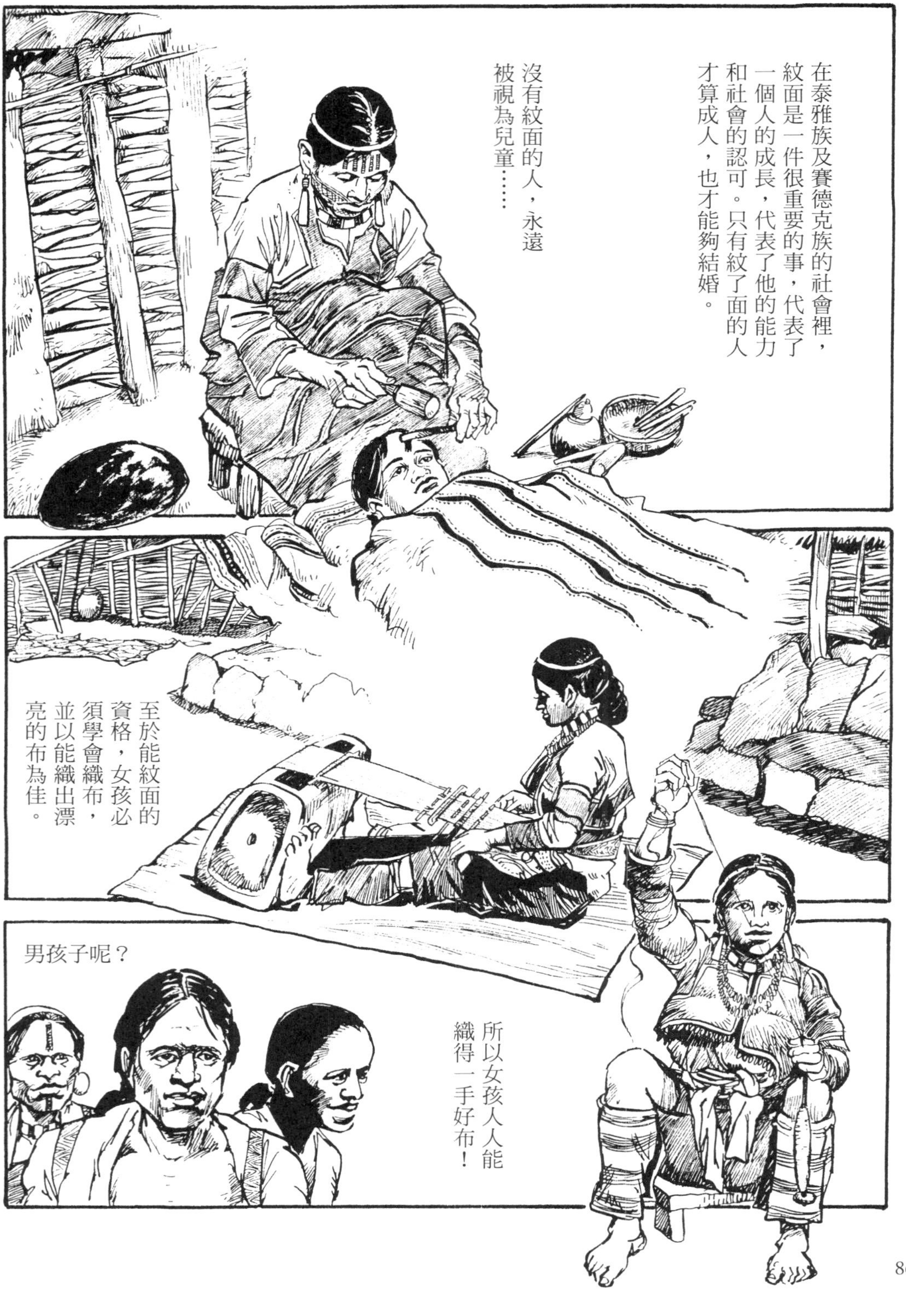
在泰雅族及賽德克族的社會裡，紋面是一件很重要的事，代表了一個人的成長，代表了他的能力和社會的認可。只有紋了面的人才算成人，也才能夠結婚。
沒有紋面的人，永遠被視為兒童……
至於能紋面的資格，女孩必須學會織布，並以能織出漂亮的布為佳。
男孩子呢？
所以女孩人人能織得一手好布！

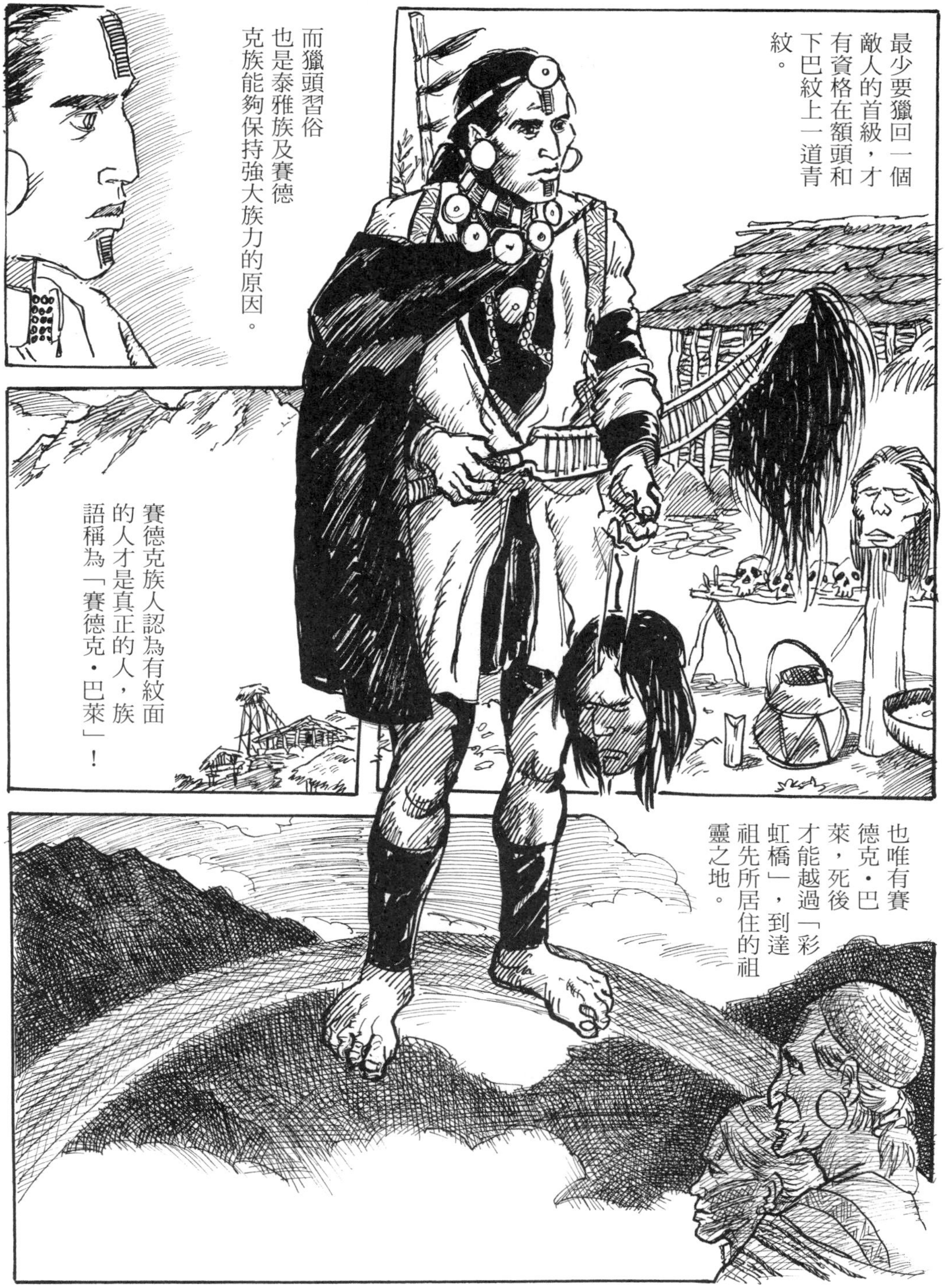
最少要獵回一個敵人的首級，才有資格在額頭和下巴紋上一道青紋。
而獵頭習俗也是泰雅族及賽德克族能夠保持強大族力的原因。
賽德克族人認為有紋面的人才是真正的人，族語稱為「賽德克・巴萊」！
也唯有賽德克・巴萊，死後才能越過「彩虹橋」，到達祖先所居住的祖靈之地。

賽德克·巴萊千百年來遵循著祖先的遺訓Gaya，保持男獵女織……
驕傲的生活於崇山峻嶺之間，雄霸台灣中部山區。
日本人與霧社的賽德克人最早一次的接觸是在……
據台後兩年的一八九七年，日本派出「深堀大尉探險隊」，負責台灣橫貫道路探測與山地偵查任務。
探險隊一行十五人，於一月由埔里往霧社方向入山。

不料，不久即告失蹤，原來早已全軍覆沒。
於是日本政府不得不封鎖霧社達五年之久，但仍然沒有辦法控制這塊地方。
直到一九〇二年四月，日軍埔里守備隊才又在眉溪人止關與賽德克族人交戰，但仍是敗戰而歸。
由於埔里守備隊的憲兵頭戴紅帽，從此賽德克人就稱呼日本人為「達那都奴」，即紅頭之意。

一九〇三年十月
干卓萬布農族人傳話給霧社，說要共同抗日，並有許多武器提供……
於是，霧社賽德克族派出壯丁一百多人，帶著許多物資
跋山涉水來到干卓萬，準備換些彈藥，和布農族人攜手共同抵抗日軍。

布農族人搬出了許多美酒，大宴霧社賽德克族人。
等到賽德克族人個個醉倒時……
干卓萬人竟舉刀砍向昏睡中的賽德克族人。

原來這一切都是日本人的詭計。跟賽德克族是世仇的布農族怎麼會和賽德克人聯盟呢？只怪賽德克族人太容易相信人了……
這一次，霧社賽德克族一下損失了一百多個壯丁，只有五、六人脫險逃回來！

緊接著，佐久間左馬太總督開始了「五年理蕃事業計畫」大討伐，於同年十二月十五日向霧社進行鎮壓，直打到次年三月。戰力大減的霧社賽德克族人，不得不屈服在日軍的刺刀之下。
看你還威不威風！
從此，這片山區淪入日本人的手中。
迴盪在山谷中的，盡是日本軍警的笑聲……

一九三〇年秋
好了！快點！東西放好就走開啦，回家去！

巡查大人啊，我們不能跟去，怎麼知道價錢如何呢？

呸，不要囉唆！難道我會騙你們嗎？竟敢懷疑警察！

你們種的這些橘子又乾又小，還不知道有沒有人要呢！
好啦，出發了！
「係」，大人！
到了埔里，可要幫我帶點好吃的回來喔！
啦啦，賺錢去……
真是的！連我們交易農作物也得經過日本人，到埔里更是要受他們控制。
真是一點自由也沒有。

喂！還在那邊嘀咕些什麼？對我們警察有什麼不滿嗎？
唔……
回去，回去！不要在這裡囉唆！
哼！生蕃……
另一方面，在馬赫坡山……

賽德克巴萊
Seediq Bale

漫畫·巴萊 5

台灣第一部霧社事件歷史漫畫

這樣不行呀！
這裡的土又鬆又軟，
用抬的下去，很危險呀！
混帳！這樣就不敢走了嗎？別找理由，快給我下來！
下來就下來，兇什麼？哪有什麼不敢的？

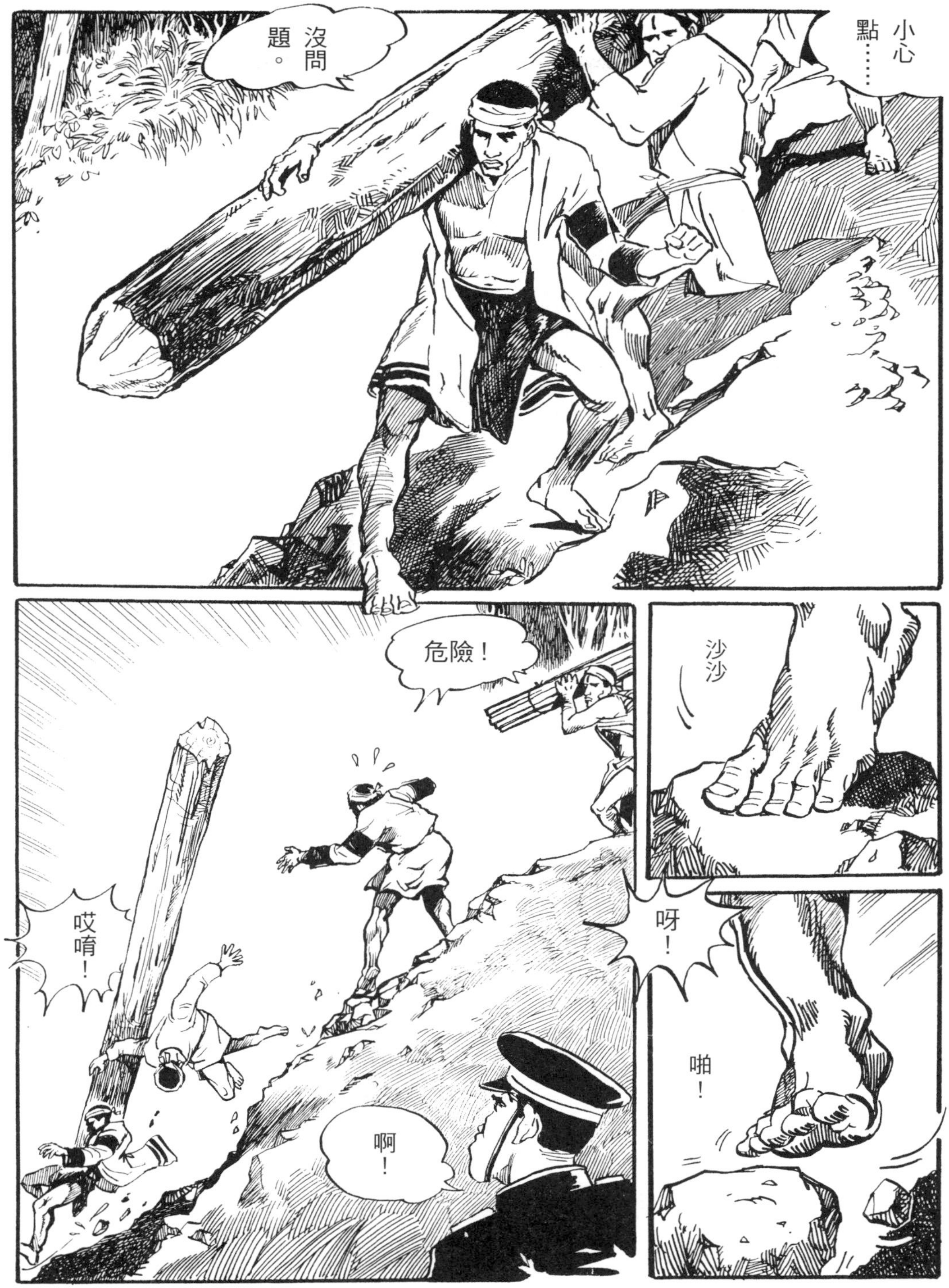
小心點……
沒問題。
危險！
沙沙
哎唷！
呀！
啪！
啊！

要打到我了啦……
呼！好險。啊！
啪！
混帳東西！一根好好的木材又……
快！下去看看人有沒有受傷……

怎麼樣？
喂！
全部下去幹什麼！
媽奴（什麼）？
不要耽誤別人工作。自己跌下去，就自己爬起來呀！
喂！他受傷啦！
比荷，別跟他講啦。
哼！不管怎樣，今天的工作量一定要完成……

你們波阿崙社那邊現在怎麼樣？達那都奴……
還不是一樣！大家都……
莫那！莫那！
怎麼啦？
從崖上掉到溪裡……
腳骨可能摔斷了。
是抬木材下山時，不小心滑了一下就……
都是吉村那傢伙害的！

我看看！唔……
唉！不知道會不會好。
不送醫，可能會變跛……
吉村那傢伙只擔心木材有沒有壞！
太可惡了！這些日本警察！
聽說上次萬大社那邊有人抬木材滾下山谷……

當場開腸破肚而死！日本人也不聞不問，只賠了一點錢。
哼！日本警察根本不把我們當人看嘛！
那次是他自己意外死亡！
我對你們已經夠好了，還想怎樣！
唉！先抬進去包紮。

莫那大頭目！我們為什麼不起來反抗，殺了他們？
比荷，說話小心點！不要還沒有行動就被抓走了！
哦！
那你的意思是……
你應該還記得你堂兄比荷·瓦力斯一家人的事吧……
是呀！說到就更氣人……
日本軍警為了捉我叔叔，竟然放火燒了他們全家人……
哼！

那你明白了沒有？會連累全家！
我只明白要替死去的家人報仇！殺光日本人！
明白什麼？
不行衝動！只因為一個人抗日，日本人就可以……
殺光所有無辜的人！
當時要不是你堂哥正好不在家，否則連他也……
你們自己回去想想這樣划得來嗎？

嗯，我們回荷戈啦。
先回去休息一晚，明天再到霧社療養所。

氣就此消了嗎？不！反而更加痛恨，只是沒有辦法而已……

荷戈社的八名壯丁，正好就是日本人所說的「不良蕃丁」，分別是比荷・沙波、比荷・瓦力斯、歐伊・沙波、瓦旦・標西右、狄罕・拉波、笛莫・東、阿里・比荷、比荷・塔基。

當晚，大家在比荷・沙波家裡喝酒，大談對日本人的不滿！

而在馬赫坡……
……
……
呵呵呵……
哈！我等你很久了，可愛的小妞！
啊！巡查大人！你……要做什麼？
嘻！嘻！

不要跑！
敢不聽警察的話！別出聲，乖乖跟我走……
馬赫坡駐在所
馬赫坡駐在所由兩個較年輕的巡查杉浦和石川負責……

杉浦怎麼還沒回來？
今天又賺一筆了吧？嘿嘿……
不知道有多少？
放開我！救命啊！
終於回來了！這傢伙……
不要吵！

嘖嘖……
嘻嘻……
不要這樣嘛！
過來一點吧！
你敢碰我！
我……
喂！
唉唷！

啊，跑掉了！好不容易才弄到手的！
杉浦！以後少開這種玩笑！
哦！我是救了你呢！你不要命啦！
這馬赫坡社的人你也敢惹？不怕被出草！
呸！就憑這些土蕃？哈哈！
好，不和你說了。
對了，今天荷戈社的那批農產運銷，可以拿多少錢？
哈！只要告訴他們扣掉車費、承辦費，
剩下那一點才是蕃人的，其他的話，嘿嘿……

賽德克巴萊
Seediq Bale

漫畫·巴萊 6

台灣第一部霧社事件歷史漫畫

大哥，今天打到幾隻飛鼠？
四隻而已！
達多！巴索！
怎麼了？
發生了什麼事!?
駐在所那個巡查，他……
什麼！這些日本人太可惡了！
連我們馬赫坡社的女孩也敢欺負！

莫那・魯道的次子
巴索・莫那
唔……我去找那個日本人算帳！
長子達多・莫那
先別衝動！回去跟爸爸報告！

原住民女孩被侵犯的問題，自從日本人出現在山地之後即不斷發生。因為當時日本人仍無法完全以武力征服強悍的賽德克族人……
我們要派年輕的巡查和蕃人頭目的女兒結婚，以和親的方法來達到安撫的目的！
喔!?我願意！
於是便安排許多日本警察和原住民姑娘結成夫妻。當時在霧社就有四對，其中包括了霧社分室的主任佐塚愛祐！

呸！你這蓄女囉唆什麼？
然而，由於這些日本警察娶原住民女孩為妻，本來就是有目的的，加上雙方生活習慣不同，自然無法融洽相處。自認為是文明人的日警，根本只是把原住民妻子當成奴隸和洩慾的對象。
更有人對原住民妻子始亂終棄並遺棄在當地，或乾脆賣掉！在當時就有好幾個女孩被賣到日本的酒家或妓院！

莫那・魯道的妹妹狄瓦斯・魯道，就是最早在一九〇九年和日警近藤儀三郎結婚的原住民女孩。

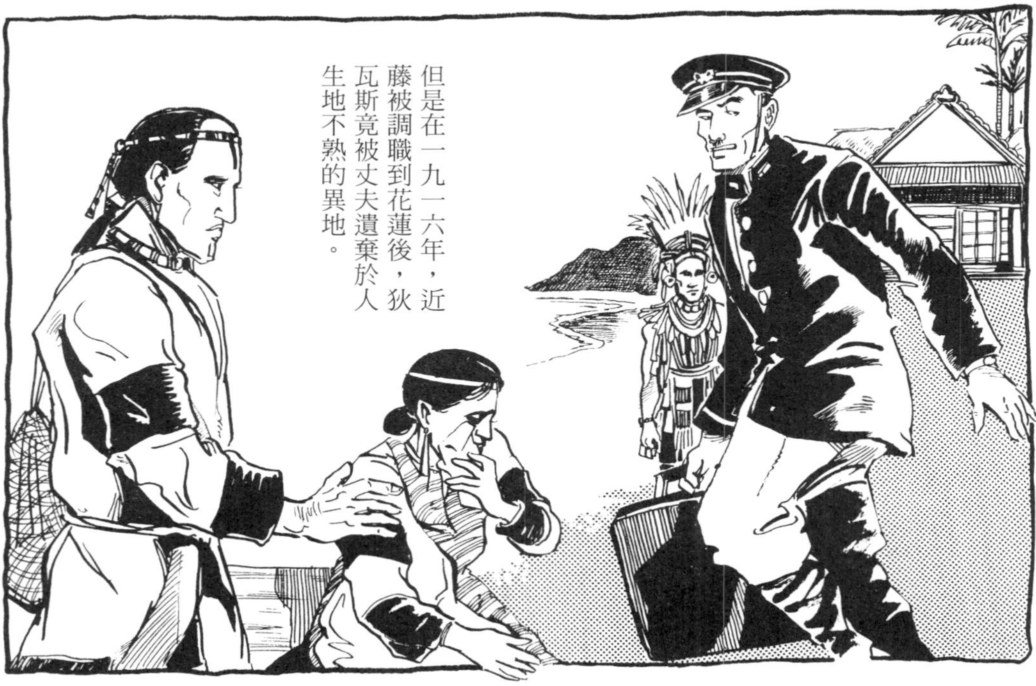
但是在一九一六年，近藤被調職到花蓮後，狄瓦斯竟被丈夫遺棄於人生地不熟的異地。

狄瓦斯由一個酋長之妹，淪落為人人鄙視的棄婦。她回到霧社後，終日以淚洗面……
莫那·魯道每次一想到妹妹，就更加痛恨日本人……
因為日本人有這種不良前科，所以後來再也沒有賽德克族姑娘願意嫁給日本警察了。
但日本巡查卻經常趁賽德克男人出獵之際，強令婦女陪酒，並經常將年輕的姑娘留置數日，不許她們回家。
許多少女就在日警的脅迫之下失身，只好與其同居……

對於日本警察這種倒行逆施的行為，族人們無不感到憤慨……
此外，凡有日本大官要員到山地視察，駐在所的日警也會命令原住民婦女盛裝陪酒，表演歌舞……

賽德克族男人自然不會坐視這種事情發生，經常派出壯丁在暗處密切監視宴會的進行……

實在太不像話了！
嗯……
沒錯！得寸進尺，任他們把我們吃得死死的，哼！
波阿崙社（今廬山部落）
波阿崙社最近就有三個女孩慘遭柴田巡查的毒手……

由於日本政府賦予日警監視原住民行動和男女戀愛的權利（稱為「緣事關係」），
所以日警可以隨意進出原住民的家……
看不順眼！去鬧一鬧他們好了。嘿嘿……
×○＃！
波阿崙社的柴田巡查就是一個專門利用職權做盡壞事的人。
甚至看到姿色不錯的少女，便搶去當情婦，硬拆散許多情侶！
這就是文明人日警常做的「文明」事！
不聽話！

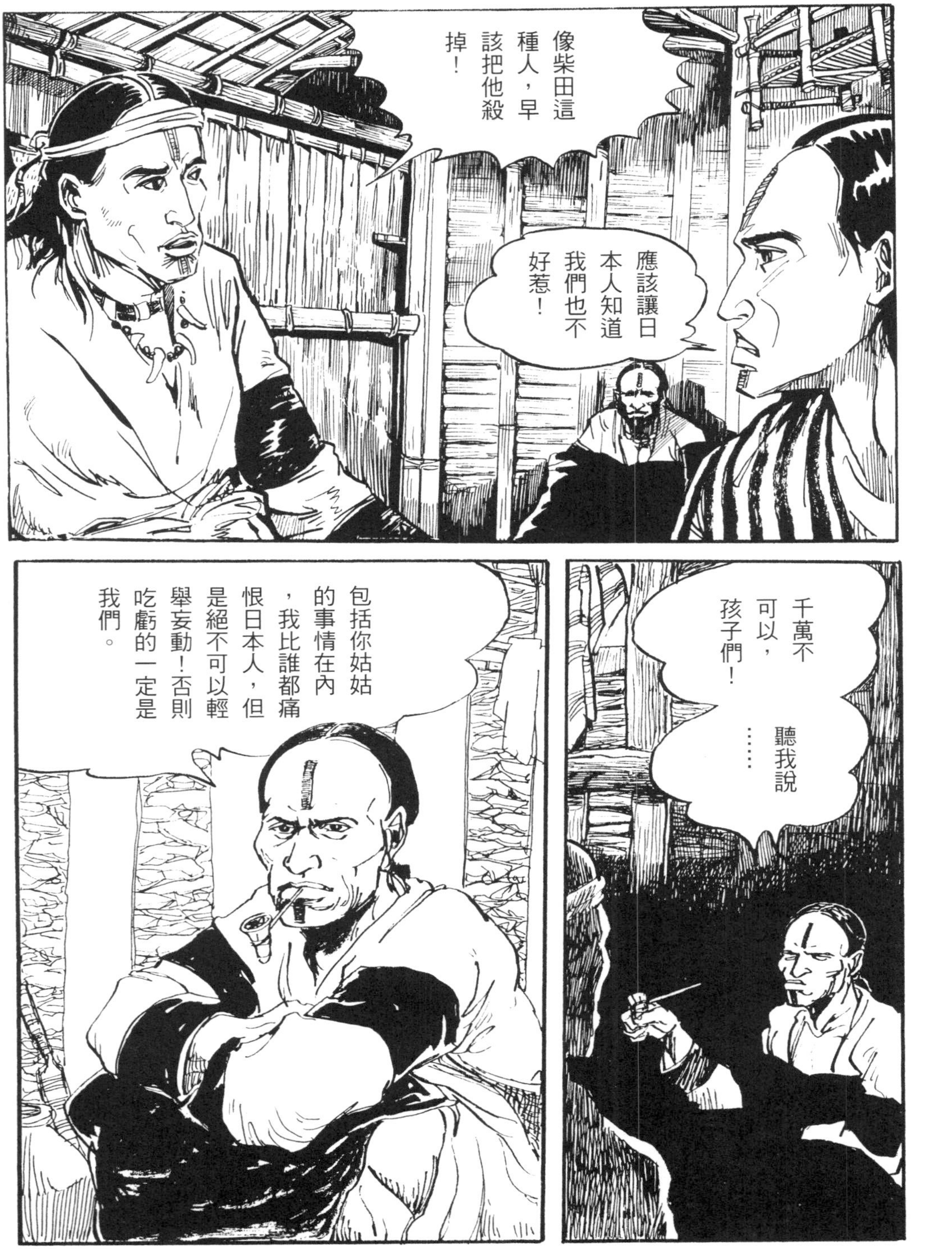
像柴田這種人，早該把他殺掉！
應該讓日本人知道我們也不好惹！
千萬不可以，孩子們！
聽我說……
包括你姑姑的事情在內，我比誰都痛恨日本人，但是絕不可以輕舉妄動！否則吃虧的一定是我們。

你們沒去過日本，不知道日本人的數目比溪裡的石頭還多，還有專門教人殺人的學校！他們軍隊的武器一天天做出來，有機關槍、大砲、炸彈等等，我們要是貿然行動，怎麼可能敵得過他們……
所以我們一定要忍耐，等待機會，機會一定會來的……
懂嗎？
唔！嗯……

這可是關係全族的大事呀！
知道了，達馬（爸爸）。

呀！
喝！

一九三〇年十月七日
馬赫坡社有一對年輕人結婚，
大家都興高采烈地歡唱、跳舞……

賽德克巴萊
Seediq Bale

漫畫·巴萊 7

台灣第一部霧社事件歷史漫畫

嗯，好香的肉！
哈！
莫那・魯道的長子達多・莫那，也去幫忙殺豬宰羊準備宴客！
喲！好嫩的肉。
嘿！吉村大人！

喝！今天又是誰結婚哪？嘿嘿……
是瓦旦和露比・巴萬。
大人，
要不要吃一個山羌腸「沙西米」！
噁！臭死了！那腥味！
嘻，很營養的哦！

那……來杯小米酒吧！
不要！不要！那個是用口水做的……
來啦！咪嘛西腦（喝酒）！
唉呀，就跟你講不要了……
哎唷！
啊，髒手！弄髒我的制服……

你……
請你喝酒還打人，太不講理！
跟蕃人講什麼道理！
喂！
該打！
達多……
可惡！

你也來討打!?
巴該野鹿!
我可是個柔道高手……

吉村，你太過分了。
喝！
好！打得好。
喝！

喂！不要鬧事。
大家上！
看拳！
打死他！
可惡！
大家住手！快停手！
事情鬧大了！
媽呀！

乾脆殺了他！
不行！
嗚……你，你們完蛋了！竟敢打本……

為了不讓事情擴大，明天一早我帶你去向吉村賠不是……
如果能沒事就好，不然的話……
麻煩可大了，不是你一個人能承擔的……
哈！現在才想用酒來賄賂我!?
來不及啦！「毆打巡查」這案子我已經呈報上去了……

這傢伙說什麼全村都要處罰！
……
哼！

十月二十四日，荷戈社又有人舉行婚禮……
來喲！咪嘛西腦！
哈！
自從日警禁止了賽德克族人大部分的祭典後，婚禮便成了族人唯一可以共聚的機會。

宴席間，比荷・沙波等人唱著、談著，又聊起了抗日的話題，愈講愈激動！
什麼？才打傷而已，應該割下他的頭。
嗯！好呀。
不如晚上，我們幾個再好好談……

聽說最近日本人要處罰馬赫坡社的人呢！
要就一舉消滅他們，不留一個！
嘿，沒那麼容易。
誰說的？十月二十七日不是要舉行運動會嗎？
哦！
所有的日本人到時都會到場，集中在一起……
嘿嘿嘿……

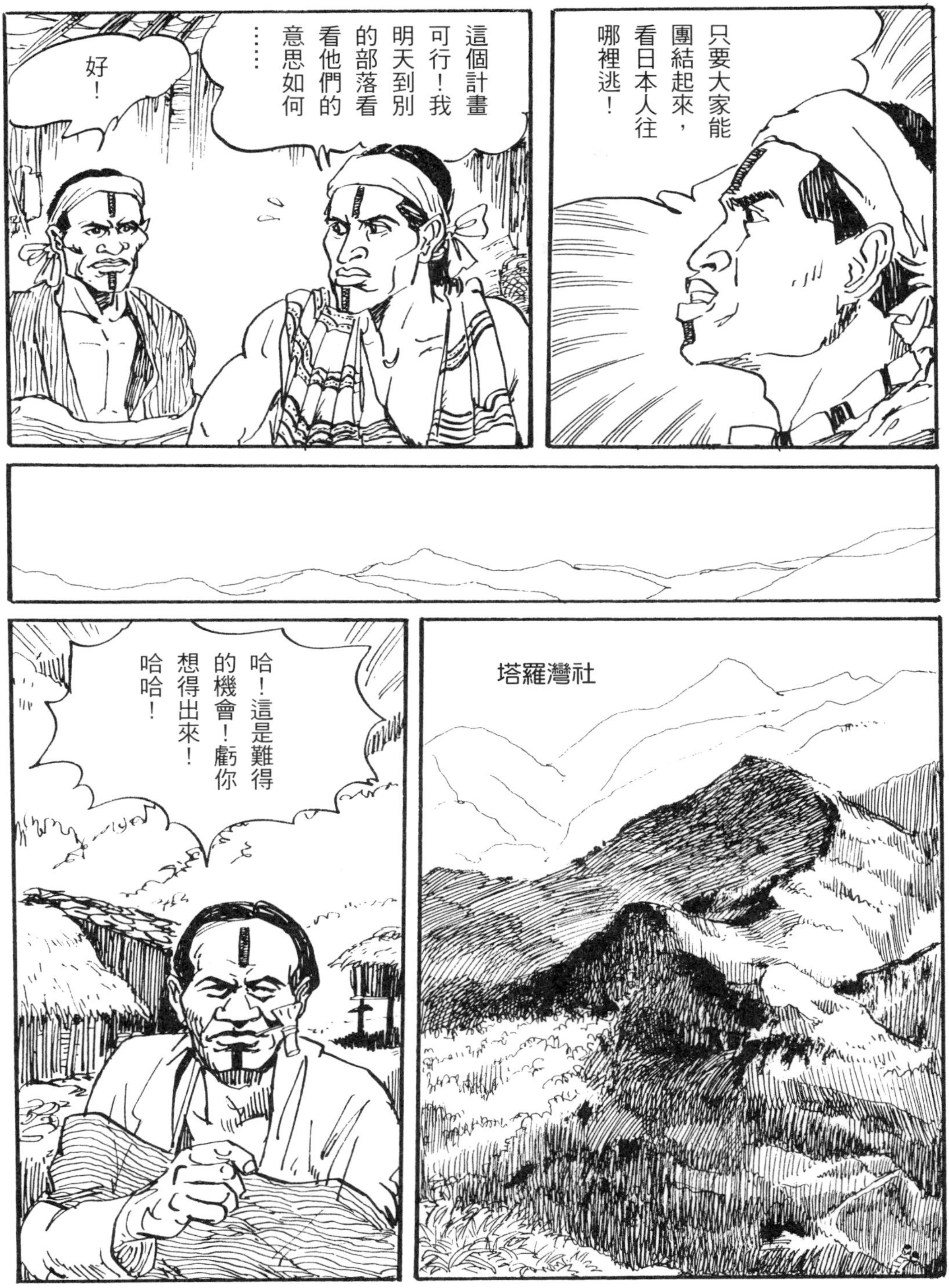
只要大家能團結起來，看日本人往哪裡逃！
這個計畫可行！我明天到別的部落看看他們的意思如何……
好！
塔羅灣社
哈！這是難得的機會！虧你想得出來！哈哈！

這麼說……啊！真是太好啦！
我們塔羅灣社雖然人口不多，但個個都不是貪生怕死之輩。

如果馬赫坡也能加盟就更好了。

塔羅灣社雖然是一個只有七戶人家的小部落，但它是所有德克達雅群人的發祥地，位在各部落之要衝。頭目莫那・皮知歐對各社動向都非常明瞭。他當下命長子泰・莫那去見莫那・魯道。

賽德克巴萊
Seediq Bale

漫畫·巴萊 8

台灣第一部霧社事件歷史漫畫

希望你能出來，只要你高呼一聲，無人不響應！
時機已到！
我和各位一樣痛恨日本警察……
但是這事關全族人的生命！如果大家都同意，我一定站出來！
我們馬赫坡社沒有一個人會反對！

對！我們再也受不了那些日本警察了！
不要讓日本人看不起我們賽德克族人！讓他們知道我們也是不好惹的！
好！既然這樣，我們馬赫坡社一定全力以赴！絕對站在第一線！
隨後，莫那・魯道又召來了對面山上的波阿崙社頭目瓦旦・盧比……
莫那，你已經決定要……

沒錯！希望霧社十二個部落都來參加！火藥沒問題，我早有準備……
哈哈！我就知道莫那·魯道不可能是個懦弱偷生之輩！哈哈哈……
計畫得到了回應……
頭目，莫那·魯道已經支持起義了！你……
二十六日
比荷·瓦力斯、比荷·沙波大喜。馬上趕回自己的部落荷戈社。
荷戈社頭目 塔道·諾幹
不行！這是自殺的行為……

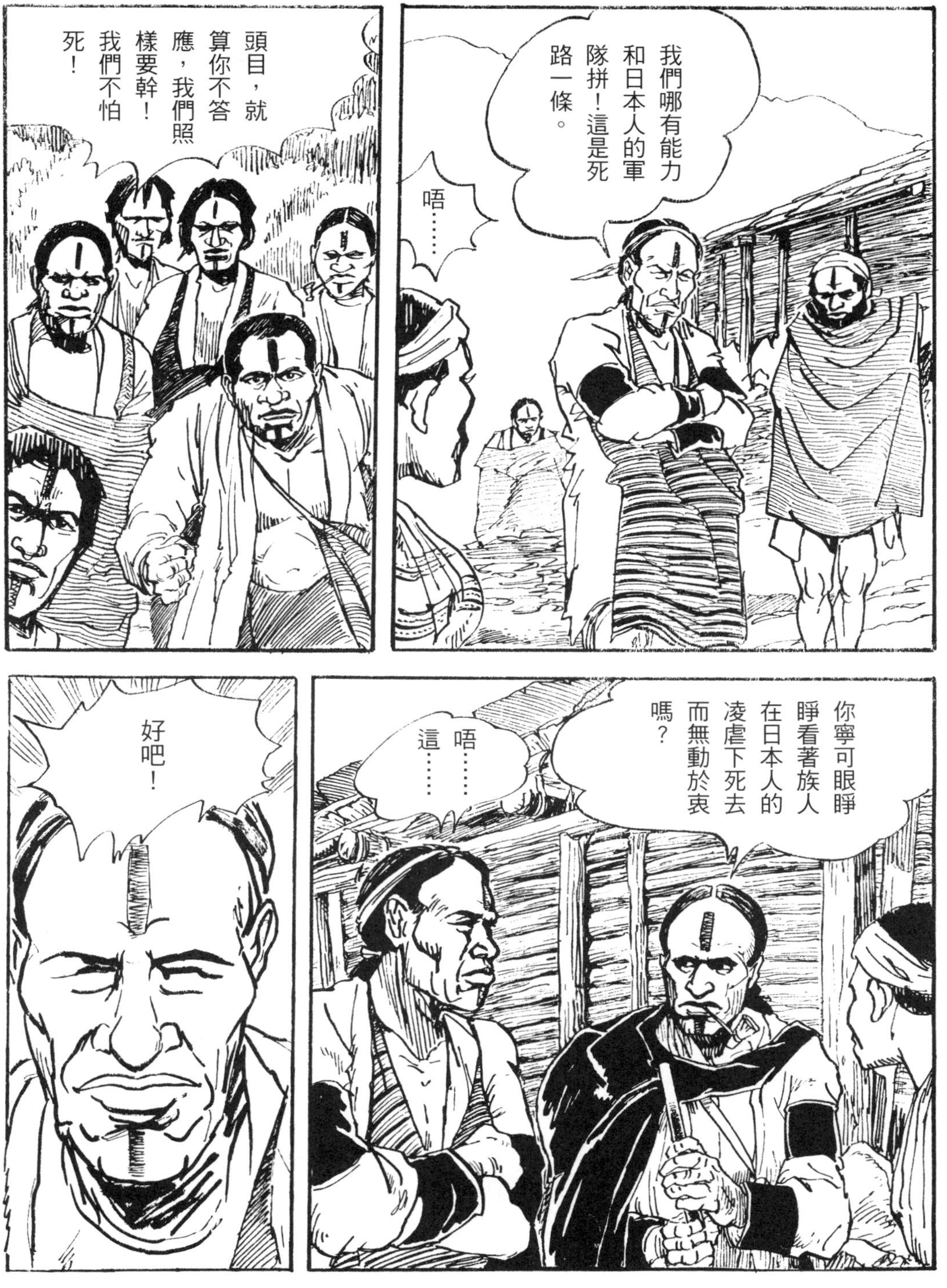
我們哪有能力和日本人的軍隊拼！這是死路一條。
唔……
頭目，就算你不答應，我們照樣要幹！我們不怕死！
你寧可眼睜睜看著族人在日本人的凌虐下死去而無動於衷嗎？
唔……這……
好吧！

接著，斯庫社也參加了起事的盟約！比荷・沙波精神大振，馬上趕忙到萬大、霧社等地遊說……
要消滅日本人就在這時呀！
唉……
不可能……
可是已經有其他……
唉！叫我去發起是不可能的……
不過，如果有人自己願意參加，我是不會阻止的……

＊註：之前被日本人設計、遭布農族人殺害的，大都是巴蘭社人。

沒想到，霧社附近幾個大部落全都拒絕了……
巴蘭社頭目瓦力斯
本社壯丁早已傷亡殆盡＊，為了維持種族的……
但你放心，我們誓死謹守祕密！
只有羅多夫社答應參加。
回來啦！怎麼樣？
哼！那些膽小鬼！
哦！

這麼說，只有六個部落參加！這樣壯丁只有四百多人而已。
沒有關係，只有我們六社就夠了！
大家都知道，這一仗是決死之戰！我們的目的只是要讓日本人知道，
你不讓我活，我也不會讓你好過！
對！
和日本人同歸於盡！
是呀！既然生不如死，不如跟他們拼了！

好！大家聽著！我的作戰計畫是……
整個霧社地區從二十四日起，就在各社之間暗中進行聯絡、遊說、加盟等工作，終於在二十六日完成。現在只剩下實際行動了……

長官請！
呵！呵！
在這同時，能高郡守小笠原敬太郎、督學菊川孝行、警部近藤比古郎、台中州理蕃課顧問菅野政衛等官員……

已在十五日抵達霧社，二十六日先參觀了日人小學生的遊藝會……

準備在二十七日參加每年秋季都會舉行的霧社蕃童公學校和日人小學校的聯合運動會。

等待多時的日子終於要來臨了。這幾天，所有的賽德克男人都在準備著。他們磨光獵刀，或向雜貨店購買鹽、醃肉、做米糕等，人人都在忙。
保密的工作也做得很好，不管參加與否，一律守口如瓶，絕無半句走漏。
呵！呵！
哦，是，是，大人。
喂！不要嘻皮笑臉！這幾天有大官來巡視，要有禮貌一點！
趕快回家打掃環境……
哼！野蠻人就是野蠻人！

二十七日半夜三點半

馬赫坡製材所
マヘボ造材所
喂！
吉村！
岡田！

大膽！竟……
?!
誰？幹什麼!?

賽德克族人的怒吼終於無法再壓抑，像山洪一樣爆發了！達多・莫那首先發難，他帶了一名壯丁抵達馬赫坡製材所……

另一方面，他的弟弟巴索・莫那，則向馬赫坡駐在所出發。

喂！裡面的人出來！呀嗚……
臺中州
能高郡
啊！幹什麼？
巴該野鹿！
中州
哈！杉浦大人，今天我要跟你決鬥！

賽德克巴萊
Seediq Bale

漫畫·巴萊 9

台灣第一部霧社事件歷史漫畫

マヘボ警察

呀哈！
來呀！來喝酒吧！生前你是我的敵人，但現在已不是。來喝酒，希望你的親友也同享……

幾個平常作威作福、欺盡族人的日警首級被提回馬赫坡社之後，整個馬赫坡社都熱血沸騰了起來，每個人都異常振奮！
我們可以
向霧社出發了！
好！出發囉！
由巴沙・歐那領隊，向西邊朝霧社前進……

約定在半路上和塔羅灣社人會合，
然後越過斯庫鐵線橋（今雲龍橋），
五點半左右，襲擊了駐守在斯庫鐵線橋外的斯庫駐在所。剛好駐守的日警都到霧社參加運動會了，於是他們放了一把火燒掉駐在所，繼續向霧社前進……

莫那・魯道則一人前往波阿崙社……
看他們有沒有依約定起事。他走到半路就看到燃燒駐在所的濃煙……
原來大約在六時左右，波阿崙社人就已呼叫著闖進駐在所。
可惜日警柴田靜太郎也去了霧社，族人只好殺了其他日本人，放火燒掉駐在所。

僅有一位名叫山下玄之助的日警冒死逃出……
接著，波阿崙社的壯丁組成一隊，翻過山嶺循捷徑來到斯庫社，和這裡的部眾聯合。莫那・魯道把部隊分成兩隊……
派一隊朝東前去消滅屯巴拉（今屯原）等駐在所；另外一隊則是由他親自率隊，往荷戈社前進……

大約六時半……
荷戈社眾壯丁在比荷・沙波等人的策動下，也襲殺了駐在所日警川島、片山、石川、湯田等人。

各隊襲擊了各駐在所之後，於荷戈社會合，約有三百多人。眾人沿路還搶獲不少新式武器，聲勢大振！

眾人浩浩蕩蕩地向霧社進攻。

莫那・魯道採取了這種消滅
外圍、孤立據點的戰略，把
霧社四周配有武力的駐在所
先一一擊破，這時攻取霧社
就如同甕中捉鱉一般……
上午八時前，起事的族人趕
抵霧社街。

整個霧社
街上平靜
如昔，
並沒有任何
徵兆……

霧社小學校的運動
會場也布置得美侖
美奐！
場會

這個一年一度的運動大會在山地是件大事，碰巧又是台灣神社祭的前一天，也就是日本人所謂的「宵祭」，是個盛大的祭典，所以除了附近的原住民、平地人之外，來看熱鬧的日本人更是空前地多，把小小的霧社街擠得水洩不通，熱鬧滾滾……

眾人全然不知在另一個角落，莫那．魯道正在分配任務！
小笠原郡守一行人到場，準備主持開幕大典……
起義族人也有一部分混入參觀的人群中。

其他人則早已埋伏在附近，把霧社團團圍住。
八時整……
怎麼還沒有開始？
呸！不要講話！要唱國歌了。
所有日本人都不知道大難即將臨頭……

賽德克巴萊
Seediq Bale

漫畫·巴萊 10

台灣第一部霧社事件歷史漫畫

起立！唱國歌……
賞
…ㄎㄧㄇㄧㄍㄚㄧㄡㄧㄡ…ㄡㄨㄚ…

ㄇㄚ ㄇㄟˇ……
……ㄍㄚ……

ㄙ…
ㄆ‥ㄛ‥ㄆ
唱國歌時，不要走動！
……

斯庫社壯丁
烏干・巴萬
台中州理蕃課
顧問菅野政衛
哈！
咦？

啊……啊！我的媽呀……
真是……出草！
快追呀！還發什麼呆！
真是太大膽了，竟敢出草到這裡來！可惡！
大家不要怕！
媽呀！
發生什麼事？
蝦米代誌？
咦？
怎麼啦？

起義族人先把有武裝、年輕力壯的日警引誘出會場……
啊呀！後面！後面！
生蕃！哪裡跑？看我殺了你……

糟糕！中埋伏了！
哈哈！笨蛋！
完了！這次……

咦？
啊！
？
！
呯！

一聲槍響，躲藏於學校四周的族人伴隨著吶喊聲，群撲會場！
衝呀！

埋伏於霧社街上的壯年隊也同時出動！

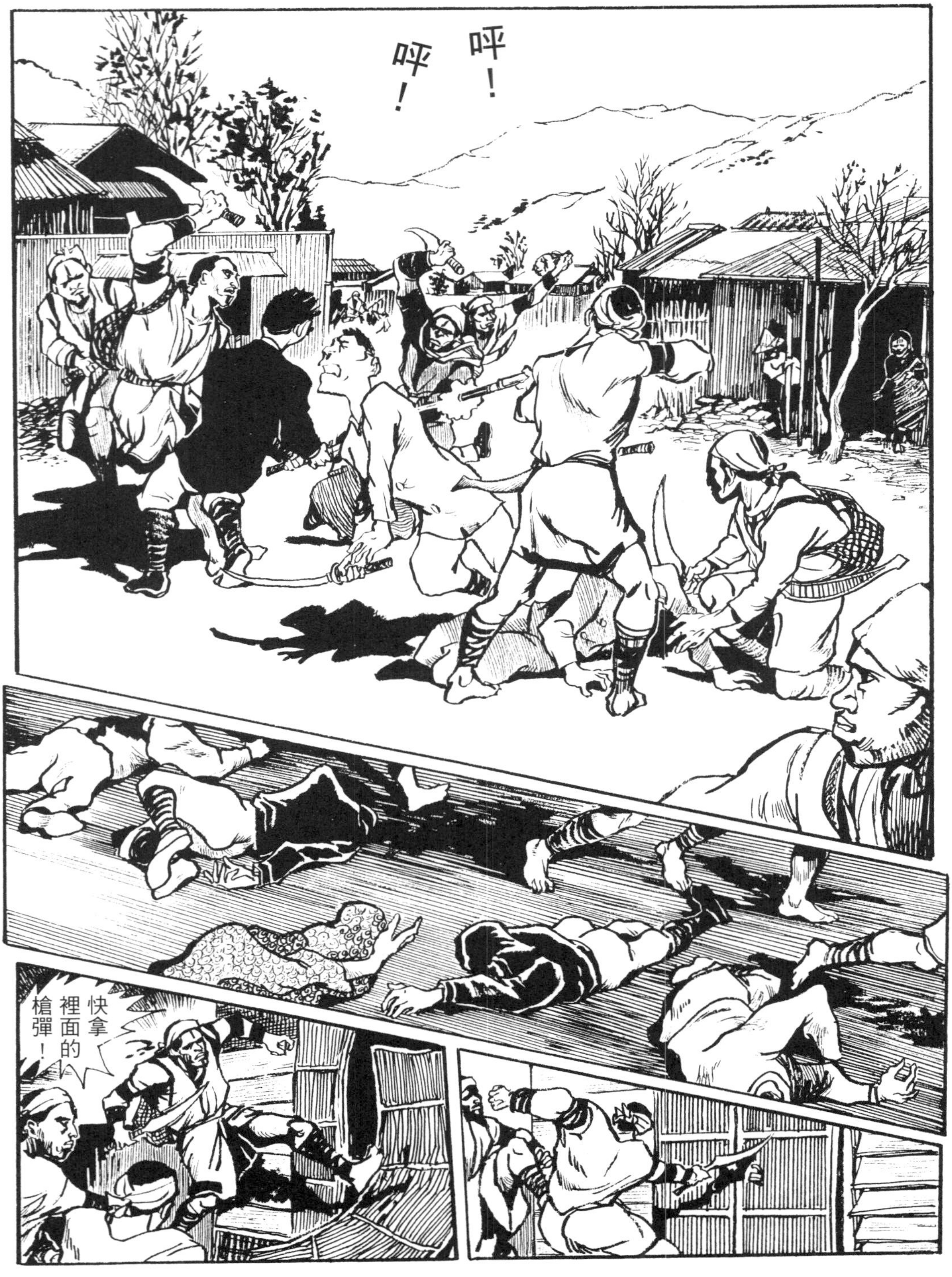
呼！
呼！
快拿裡面的槍彈！

喂！大家快把自己的小孩帶走！快快！
大事不妙！
嘩！
一時場中大亂！
哇！
由巴索・莫那率領的青年隊衝入會場……

這是大出草！怎麼會？
嘩！
完了！今天死定了！
啊！你們……
哼！這是你們逼我們的！
郡守大人快走呀！蕃人造反啦！殺人啦！
督學先生，快帶郡守去躲起來，快！
呀！

危險……
生蕃！
呀！

殺了你！
快走！危險！
噢！
寶刀未老……

賽德克巴萊
Seediq Bale

漫畫·巴萊 11

台灣第一部霧社事件歷史漫畫

我來！
哼！沒那麼簡單……
霧社分室主任佐塚
幹得好！

整個霧社已被抗日
的烈火所吞沒……

呼！
呼！

快呀！慢一點就死啦！
等等我……
呼……

呯
羅多夫社頭
目次子
瓦力斯·
巴嘎哈
哈！

哈！這是個大官！
哈！活該！

另外，莫那・魯道派往東走的突擊隊，也在上午九時消滅了屯巴拉駐在所。
喝！
接著，於正午殺進尾上駐在所，日警無一倖免。

起義族人一路上都非常順利，一站一站往前殺去。到了下午三時多，來到了花蓮交界附近的……

能高駐在所，又砍了三浦巡查部長等三人。可以說是大豐收。

他們將霧社所有的聯外道路都封鎖起來。
一旦抓到日本人，格殺勿論。
也搜尋四處躲藏的日本人。
還破壞了日警的通訊線路。

十月二十七日，賽德克族人可以說是完全光復了霧社。這一天，總計殺了日人一百三十六名，是台灣抗日史上一次所殺日人最多的一次，另有輕重傷共二百一十五人。而居住在霧社約四百二十八名平地人當中，只有兩個人被誤殺。

曾經是運動健將的日人督學菊川，僥倖逃過了重重包殺，一路沒有休息地往山下衝……
他終於衝下山，逃到了尚未遭到襲擊的眉溪駐在所。
緊急情況！
什麼？全部！糟糕了！

菊川於十時乘台車趕回埔里。
眉溪駐在所用電話通知能高郡役所警察課。
霧社蕃大出草！
快！我要見課長！
郡守先生也同時犧牲了……
全面造反！死傷數百人！媽呀！
這天原本是能高神社的宵祭，日本人正在大肆狂歡。
消息傳到了埔里……
高山族造反啦！

小鎮立即騷動起來，大街小巷人人都
心驚膽顫地打聽情況。
一些日本人更是嚇得魂不附體。
郡役所立即召集警察和退伍軍人，
緊急趕往前線！
快！霧社出事了。
呀！
會不會……
……

警察課長江川警部與分尾形警部率二十五名部下……
趕赴獅子頭駐在所協防（在眉溪與埔里之間），
並派退伍軍人十九名隨後支援。
上午十一時，在最前線的眉溪駐在人員及台車站人員因害怕原住民攻來，
趕忙撤回埔里。
並帶回了「霧社日人全滅，
獅子頭防線也岌岌可危！」等警報。

台灣人街長（相當於現在的鎮長）林其祥急電台中州知事水越幸一。
台中州廳除了轉報台灣總督外，並向台中分隊要求出兵救援。顯示事態非常嚴重。
事情大條囉！
臺中州廳
台中州廳一面向總督府報告，一面立即召集所轄的警察一百七十八名，由警務部長三輪幸助率隊赴援埔里。
「鑑於蕃眾截斷電話線，趁運動會的機會起事，以及全無日人得以生還逃至埔里等事實看來，當可推斷那是約兩千名霧社蕃的計畫性行動！」這個晴天霹靂般的消息傳出，震驚全台！
什麼？竟然有這種事!?

賽德克巴萊
Seediq Bale

漫畫·巴萊 12

台灣第一部霧社事件歷史漫畫

台灣步兵第一聯隊第三大隊台中分屯大隊，立刻整備於鹿港飛機場待命，又先派大泉大尉率領步兵中隊，直奔霧社支援。
花蓮港廳也在接到命令後，分屯大隊，召集警察隊、準備翻越中央山脈海拔三千兩百六十一公尺高的能高山，兩面夾擊霧社。
台灣總督府在接到霧社高山族起事的消息後，驚恐之餘立刻做了以下指示：警務局長石井保召集台灣全島之警察全面戒備。台灣軍司令官渡邊定太郎命令山瀨參謀前往霧社……
另外，台北山砲中隊、步兵第一聯隊通信班、台南州警察部隊也立即向中部集結。
屏東飛行第八聯隊派兩架飛機先前往霧社上空偵察。

當日下午二時多，
至於前線方面，因日警過於恐懼，在守了幾個小時之後，就嚇得由獅子頭撤退。
一直退到離埔里只有兩公里多的大湳。以眉溪河壩為掩體，連忙架設了高壓電鐵網，以防高山族攻入埔里。
日本軍警在過去討蕃時代，即領教過賽德克族人的勇猛剽悍，所以寧可放棄十幾公里遠的較佳戰略據點。
埔里地區因流言四起，陷入混亂狀態。在埔里的日本人害怕平地人趁機反日，當局於是召集每戶家長，分發刀械彈藥，組織自衛隊，並將婦孺收容於糖廠等處，接受警察保護。

下午四時四十分，兩架日軍飛機飛抵霧社上空。
在各部落上空繞行幾圈，略做偵察後……
日本「鐵鳥」！
1198
前往埔里拋下偵察報告筒，
就轉返鹿港降落。
1198
1198

飛機的出現確實有如日本人的一顆定心丸……另外，也可能正是它改變了整個戰局。因為當時德克達雅群東北方的道澤群族人正分成兩派，
一派由副頭目率領，主張加盟抗日起義；但頭目卻反對，甚至出面保護駐在所日警……
殺掉這些混蛋！
但是當飛機劃過道澤（今平靜）上空後……
日警小島源治巡查見機不可失……
你們看！我們日本的飛機已經來啦！你們打得過我們嗎？你們殺了我，就知道後果……
道澤群不但因此打消了抗日的念頭，後來還加入討伐同族同胞的行列……
你們如果要砍人頭，就加入我們，去砍德克達雅人，不但不會被處罰，還會受表揚呢！

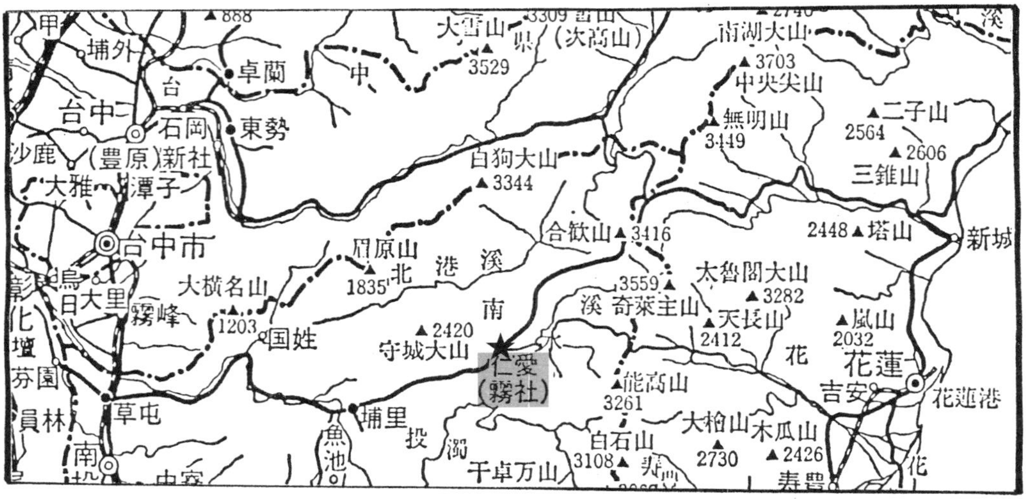
台中
台中市
石岡
(豐原)
新社
東勢
卓蘭
潭子
大雅
沙鹿
烏日
大里
霧峰
彰化
員林
草屯
南投
埔里
國姓
魚池
大横名山
1203
眉原山
1835
北港溪
白狗大山
3344
合歡山
3416
大雪山
3529
(次高山)
南湖大山
3703
中央尖山
無明山
3449
二子山
2564
2606
三錐山
2448
塔山
新城
太魯閣大山
3282
3559
奇萊主山
天長山
2412
嵐山
2032
守城大山
2420
仁愛
(霧社)
能高山
3261
白石山
3108
大檜山
2730
木瓜山
2426
花蓮
花蓮港
吉安
壽豐
干卓万山

霧社地理位置圖

在台灣軍司令官渡邊定太郎向日本本國陸軍省報告霧社事件後，
二十七日這天就在雙方對峙之下結束……
二十八日一大早八時，台中州知事命軍警單位在當天日落以前奪回霧社……
日軍搜索隊本部開始徵調埔里的平地人及平埔族人擔任官役人伕，但徵調工作並不順利。
這天飛機又出動偵察，並於途中向地面投下幾枚手榴彈。

下午三時，由高井、工藤兩部警察隊及日軍大泉中隊組成混合先鋒隊。

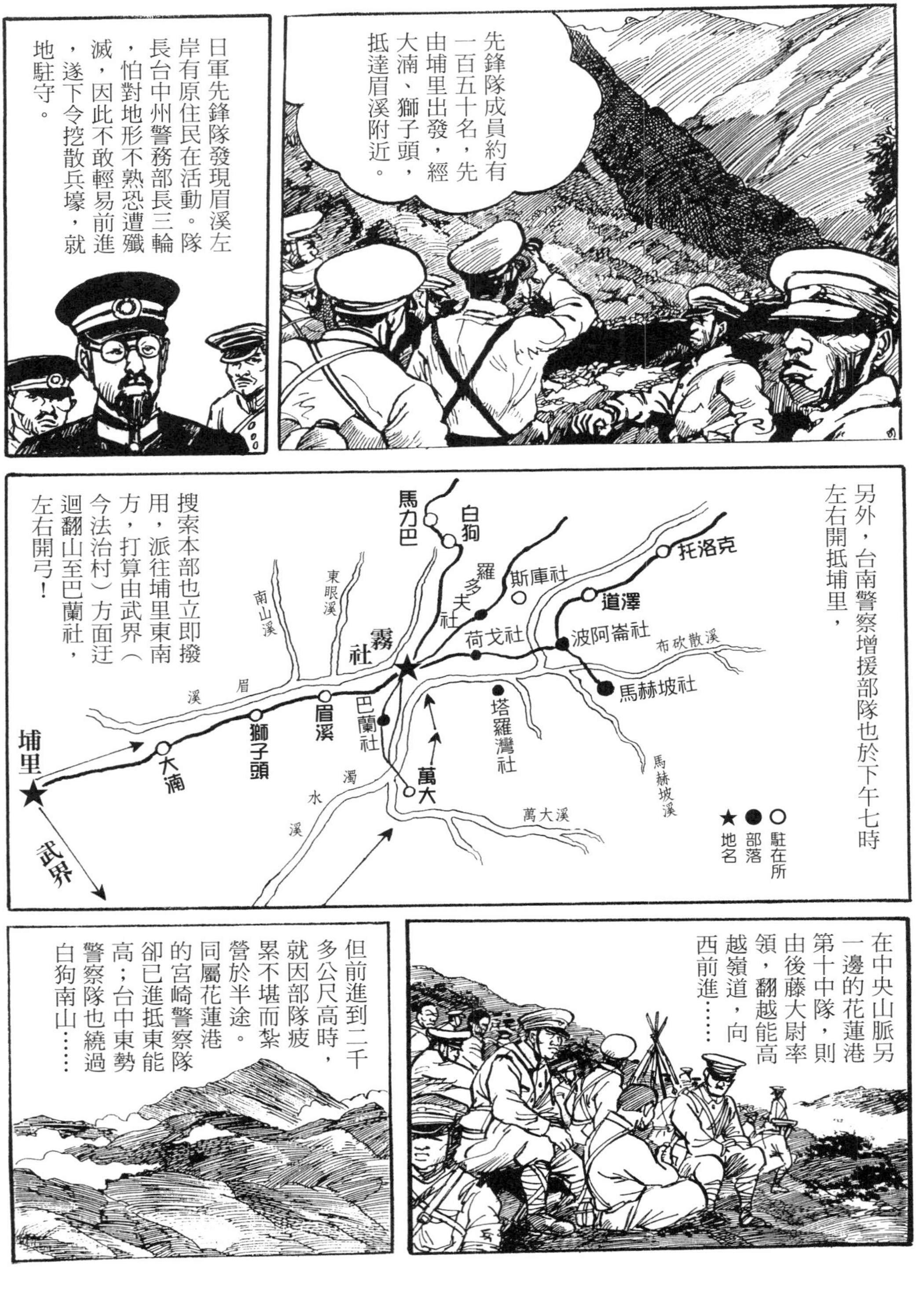
先鋒隊成員約有一百五十名，先由埔里出發，經大湳、獅子頭，抵達眉溪附近。
日軍先鋒隊發現眉溪左岸有原住民在活動。隊長台中州警務部長三輪，怕對地形不熟恐遭殲滅，因此不敢輕易前進，遂下令挖散兵壕，就地駐守。
另外，台南警察增援部隊也於下午七時左右開抵埔里，
馬力巴
白狗
托洛克
斯庫社
羅多夫社
道澤
東眼溪
南山溪
荷戈社
波阿崙社
布砍散溪
霧社
馬赫坡社
眉溪
巴蘭社
塔羅灣社
埔里
大湳
獅子頭
眉溪
萬大
濁水溪
馬赫坡溪
萬大溪
武界
○ 駐在所
● 部落
★ 地名
搜索本部也立即撥用，派往埔里東南方，打算由武界（今法治村）方面迂迴翻山至巴蘭社，左右開弓！
在中央山脈另一邊的花蓮港第十中隊，則由後藤大尉率領，翻越能高越嶺道，向西前進……
但前進到二千多公尺高時，就因部隊疲累不堪而紮營於半途。同屬花蓮港的宮崎警察隊卻已進抵東能高；台中東勢警察隊也繞過白狗南山……

漸漸逼近……
二十九日午夜一時，高井工藤警察會合了軍隊宮川部隊之一部約三百人，陸續抵達眉溪人止關。
人止關當時並無賽德克族人把守，使日軍得以乘虛而入。
但因天色黑暗，日軍惟恐有詐，並不敢深入，而在山下望著霧社直到天亮……

上午八時，日軍先鋒隊才衝鋒攻入霧社，但……
咦？

報告！根本沒有遇到敵人……空無一人……

日軍在用無線電向本部報告後，水越台中州知事便指示霧社部隊展開生存者求助、遺體收容，及構築防備工事。

原來，霧社起義的賽德克族人也打算據守人止關等天險，在霧社和日軍決戰，甚至有人提議直攻埔里。
但因聯絡不便等因素，最後決定放棄陣地戰，採用較擅長的游擊戰。
就在賽德克族人撤守霧社前，一位平地人雜貨商巫金墩，
大頭目！我店裡的所有貨物、用品，全部送給你們……
將自己店裡的貨物留給起義的賽德克族人，以示支持和讚揚，然後空著手同其他平地人逃難到埔里去*。
*註：後來巫金墩也被日警搜捕，關了好幾年。
賽德克族人在霧社取得了許多槍械和民生必需品後，各自回自己的部落，準備以游擊方式和日軍作戰。

十月二十九日，台灣軍司令部做成「討伐計畫大綱」，準備以第一線全面投入鎮壓行動，並派台灣守備軍司令官鎌田彌彥少將前往霧社出任軍隊指揮。日本拓務省管理局長生駒高常並上奏天皇，報告事件。
同時由台中東勢進入之日軍川西部隊，和由埔里往霧社的大泉中隊，都遭到賽德克族人激烈的射擊。
呼！
呼！
快找掩護！快找掩護！
賽德克族人採取打了就跑的戰術，讓日軍不知如何應付。

其實就在日軍進入霧社的同時，濁水溪兩岸的高地上早已布滿約四百名的抗日族人，注意著日軍的一舉一動。
早上，四架日本飛機分成兩批，配合地面部隊飛往荷戈、馬赫坡、波阿崙等社，以改造之山砲彈爆擊。其中一架返航時，著陸失敗，導致飛機墜毀。
台北警察學校練習生一百五十名，也由教官帶領，啟程前往霧社。
荷戈、羅多夫社部落的家屋，由起義族人自行放火燒毀，以示戰鬥之決心。

其實，賽德克族人並不是敵不過日軍才退出霧社，反而是想引日軍進霧社，才能從四周對如在甕中的日軍展開射擊。二十九日這天，霧社東北方、南方等高地，都有賽德克族人向日軍逼近，
三百名日軍只能死守在原地，無計可施。
被來自森林中時隱時現的狙擊，困在原地動彈不得。
直到晚上八時天色暗後，才有敢死隊二十二人衝入霧社街。恰好這時由武界方面迂迴前進的台南警察隊也趕到，才聯合替霧社解了圍。
至於原本要來增援的大泉中尉，則在距霧社僅一公里處，

十月三十日，下起了傾盆大雨，賽德克族人停止攻擊行動，返回社中，搬出食物、槍彈等物資，
運往馬赫坡溪邊隱蔽的溪谷和岩窟。並放火燒了馬赫坡、波阿崙部落的家屋。
日軍也因為大雨中止了各部隊的前進。飛機停飛，所有的攻擊計畫暫停。
日軍各領隊利用這個機會，好好研究作戰方針及布署等等的對策。
而在當日，台灣總督府石塚總督同意以「絕對武力鎮壓」來平定霧社起義的賽德克族人，並發表「公報」。此外，這一整天並沒有什麼狀況發生。
只有在台中某工廠牆上發現了反日的標語！
反對日本帝國對霧社高山族出兵鎮壓！打倒日本帝國主義。

三十日的平靜只能算是天明前的黑夜，不管是日軍或抗暴的賽德克族人，早都在暗中進行布署，準備大幹一場……
喝！

漫畫·巴萊 13

台灣第一部霧社事件歷史漫畫

呀！

下著雨的三十日這天，日軍的行動並沒有停止，由松井少佐所率領的台中大隊主力於早上開抵眉溪，後勝中隊也到達能高駐在所和宮崎警察隊聯合，台南步兵第二聯隊機關槍小隊也出發前來霧社。守備隊司令官鎌田彌彥少將在下午一時完成整編，計有台中大隊、花蓮港中隊、通信班、山砲隊及飛行隊等，
號稱「鎌田支隊」。
鎌田支隊
十月三十一日
呵呵…
等一下讓這些蕃人嚐嚐機關槍的滋味！
噠
噠
噠
嘿！噠噠噠！

機關槍？
噠
噠
噠
哈！又一架！快轉移陣地……

噠噠噠
噠噠噠
起義族人以奪自日軍手中的機關槍向日軍展開攻擊。
嗯，這些生蕃……
這天早上，鎌田支隊司令部及警察搜索隊本部都已進駐霧社督戰。
松井大隊
什麼？機關槍被搶!?
山砲隊、飛行隊，立刻展開砲擊及轟炸！所有部隊、警察隊全部實施總攻擊！

鎌田支隊頒布如下命令：

一、目前抵抗的蕃眾約有三百名，槍械二百桿左右，機關槍二挺，布陣在羅多夫、荷戈二社的西部。

二、我支隊既已認定該行兇蕃眾為叛徒，便和警察隊協助合作，將徹底殲滅他們。展開左列攻勢，加以空中攻擊和砲轟後，上午九時起總攻。

甲、松井少佐率二中隊，布置於霧社南北線，警察隊二百名加以協助。

乙、松井大隊的一中隊，經霧社北側溪谷，出於羅多夫社北方高地，展開包圍陣勢；它的兩翼則以警察隊一百三十名協助之，如有必要，得以山砲隊掩護。

丙、白狗方向之警察隊一百七十名，則布置於道澤社一帶。

丁、花蓮港第十中隊與該警察隊，應一起進駐於高線的屯巴拉社。

戊、松井大隊之一小隊，進駐於斯庫社附近，以威脅敵後，並截斷通往塔羅灣溪方面的退路。

三、在布陣和準備進攻之時，飛機隊應猛炸波阿崙、馬赫坡二社附近的敵陣，給予物質及精神上的打擊，並擾亂其後方。

四、山砲隊在松井少佐指揮下，主要對荷戈、羅多夫附近敵陣，實施總攻前的預備轟擊。

五、所有部隊俟飛機和山砲攻擊收效後，再聽命總攻。

六、通信班擔任霧社與兩翼包圍部隊的聯繫，詳細情形可由松井少佐臨時處理之。

日軍對起義的賽德克族人全面開戰了。
鎌田司令官怕彈藥不夠，向軍司令部撥用了榴彈五十顆、榴霰彈一百顆、步槍彈五萬發、機關槍彈一萬發、炸彈五十顆……
臺北山砲隊
井上警察隊
永野小隊

先由飛行隊配合，從空中炸射！

松井少佐

松井大隊在沒有遭遇太多抵抗的情況下，相繼攻下羅多夫、荷戈、塔羅灣、斯庫等社。
在猛烈砲火支援下，追擊在塔羅灣社南方的抗日賽德克族人。
十時左右，日軍包圍部隊之永野小隊，

呼！
呼！
中埋伏啦！
呼！

另外，奉命協助永野小隊的山田警察隊也在塔羅灣社附近高地，
山田警察隊
遭到賽德克族人的截擊！
呼！
呼！
他們被困在原地，經過四小時的苦戰，才得以脫身。
喂，請求支援！
日軍本部不得不再派援兵二小隊前往支援。
再由本部方面以機關槍、山砲等武器，猛烈地掃射、轟炸做為掩護。

呯！
啊！頭目！
荷戈社頭目塔道・諾幹在這一場日軍的猛攻下首當其衝，額頭中了一彈，當場陣亡！是起義族人中第一個戰死的頭目。
唔……死了……

永野小隊突圍，並強攻塔羅灣高地。
賽德克族人仍然採用打了就跑的游擊戰。
在給日軍一陣襲擊後，就退入隱密的森林中，消失無蹤。
另外，來自花蓮方面的後藤中隊也佔領了馬赫坡對山的波阿崙社。

這天，日軍雖然戰果不錯，一連攻陷了幾個部落，不過卻也死傷累累，鎌田司令官於是再向軍司令部請求追加戰鬥兵及武器彈藥。
快！送往埔里！
卡緊吔！
台灣軍司令部得知日軍傷亡慘重的消息，發覺事態的嚴重性，馬上增撥步兵砲一隊及電光手榴彈三百枚加強戰力；並將這次起義事件命名為「霧社事件」。同日，在台北郵便局內也發現了支持霧社起義賽德克族人的標語：「霧社山胞一起起義抗暴，打倒日本帝國者數百名。」
霧社
報告司令，我覺得應儘量避免和蕃人展開近戰！
那對我們不利呀！
說得有理，反正我們有那麼多現代化的武器！
敵蕃
ゴーホ
タロワン
敵蕃
濁水溪

十一月一日，賽德克族人又於塔羅灣南方高地及荷戈社之間，以機關槍攻擊日軍，但遭到日軍改以不斷地砲火攻擊所衝散。
馬赫坡社族人及荷戈社族人相互支援不易，
於是以退為進。
喝！

並砍斷了往馬赫坡方向的斯庫鐵線橋，以阻斷日軍之追擊。
日軍只好另外繞道，降至幾千公尺下的溪谷，渡河而過。

花蓮港
松井大隊和花蓮港所屬的後藤中隊這東西兩個部隊，初次於馬赫坡社北側高地會合。
同日，事件遺族及新聞記者獲准進入霧社認屍，結果發現死者幾乎全是日本人。
而由東勢、台北、宜蘭方面入山的警察隊，則一路從十月二十九日開始鎮壓。在損失兩名官員後，已南下控制住了霧社東北方同族的德路固、道澤兩部落。
西川
宮本
大村
只有兩名台灣人因穿和服而遭到誤殺。於是日本當局所宣稱的「蕃人野蠻的出草」說詞不攻自破！
至此，日軍已把抗日賽德克族人逼到馬赫坡及塔羅灣附近密林。由原本打迷糊仗的情形到現在兩軍對壘的情勢，日軍以為憑其優勢的武器戰力，當可一舉消滅這群逞兇作亂的「兇蕃」！

賽德克巴萊
Seediq Bale

漫畫·巴萊 14

台灣第一部霧社事件歷史漫畫

兇蕃聚集在馬赫坡高地……
十一月一日上午，在波阿崙社的後藤中隊為了呼應鎌田支隊的主力，
可以從布砍散溪繞道馬赫坡後方……
於是派出一小隊向馬赫坡社刺探……
途中遭到賽德克族人的突襲。
快找掩護。
呼！呼！呼！
結果小隊長荒瀨中尉等幹部戰死，部隊連忙撤回，不敢再前進。

另外，松井大隊由塔羅灣向馬赫坡推進之先鋒永野、中谷小隊，也遭到賽德克族人頑強抵抗，無法前進。
到目前形成了如此狀況……
波阿崙
斯庫
羅多夫
荷戈
霧社
塔羅灣
馬赫坡
馬赫坡富士山
北
兇蕃現在主要佔據馬赫坡高地和塔羅灣後方的廣大森林，我軍無法適應這種山地作戰，所以推進困難……
為避免加重傷亡，最好還是……嘿，以蕃制蕃！
日軍在軍警反攻無力的情況下，決定採用老方法，把未起義的賽德克族人推上戰場……
十一月二日，巴蘭社、萬大社、塔卡南社、卡滋庫社等未起義部落，向日軍表示順服之意。

另外，來自道澤社的情報……
報告大人，有霧社蕃的消息，三十日那天……
馬赫坡社全數婦人及波阿崙社一部分婦人約數百名，為了讓自己的丈夫無後顧之憂及激勵他們全力作戰，先集體上吊自殺！
因此，馬赫坡社方面的抗日賽德克族人，正是處於最激憤的狀態中……
十一月二日，大霧瀰漫霧社山區，飛行隊停止作戰。下午，日軍召開前線軍事首長會議。
兇蕃實力強大，應該再增兵，否則……
當日下午，軍司令部即增援步兵一大隊自台南啟程；曲射步兵砲及山砲一小隊自台北出發。
飛行隊長渡邊少佐以加速鎮壓平定擾亂為由，向軍司令部請求瓦斯彈。而台中州水越知事也決定了以「科學的攻擊法」，向台灣總督通報。

同日，警察隊也進行大幅改組，由第一線退到擔任戒備兵戰線外，還負責全力推行以蕃制蕃的策略；川西警部補召集了和德克達雅群原住民同族但不同群的德路固和道澤兩部落壯丁三百多人，另外加上白狗社、萬大社等一共五百多人，組成「奇襲隊」，編組於警察隊，
幫助日軍討伐自己同胞！而這些親日的賽德克族人被日本人稱為「味方蕃」。
川西部隊
這是日軍極毒辣的一種手段。
剛開始，這些奇襲隊被分派的工作以偵察和誘降為主，但一旦接觸，
就漸有傷亡，自然挑起了新仇舊恨，彼此自相殘殺。

日軍同時還發動和抗日賽德克族人同群的巴蘭社人兩度以石油火燒塔羅灣大森林，想以火攻方式逼退抗日的賽德克族人。
但巴蘭社人和抗日的賽德克族人多有親戚關係，常暗中幫助他們，所以日軍這一計策並未成功。
此外，塔羅灣一地是德克達雅群的「祖先根據地」，所以必得死守。
十一月三日，在飛機、山砲等掩護之下，日軍在塔羅灣方面仍沒有進展。但在馬赫坡方面，日軍在道澤群的帶領下，利用夜晚佔領了馬赫坡東方的稜線。

抗日原住民也不甘示弱，在這天下午襲擊了在波阿崙附近收容屍體的日本軍警和親日的賽德克族人。
轟！
抗日賽德克族人在日軍以山砲、飛機炸射的攻擊下，多有死傷，一些屯儲的糧食也被砲火焚毀。雖然存糧最多也只能再維持二十天而已。
因此他們把據點退到馬赫坡溪南方的幾個天然大岩窟中，以躲避日軍現代化武器的炸射。

安達大隊
日軍本部方面，配備強大火力及新式武器的增援部隊，已經全部抵達霧社。
十一月四日一大早，日軍總攻馬赫坡社行動開始。由新到的台南步兵第二聯隊第一大隊長安達少佐指揮，大隊人馬立即向前推進，進佔馬赫坡東方稜線。
早上九點派出飛機從空中偵察抗日賽德克族人的蹤跡。但沒多久，突然吹起強風，行動因此中斷。
另外，由川西警察隊所控制的德路固、道澤奇襲隊一百九十人，更在日本人「馘首獎金」制度的利誘下，侵入塔羅灣溪谷，從事地毯式的搜索，見物就燒、見人就殺，
試圖消滅抗日賽德克族人的後援。不只壯丁，連老人、婦人、小孩等，全部成了攻擊的目標。一些和族人走散的人不是被殺，就是向日本人投降。十一月四日這天，包括莫那・魯道的女兒馬紅・莫那在內，就有十八人被日警俘虜。

所謂的「馘首獎金」，更是一項殘忍的手段。就是叫親日的賽德克族人去獵取抗日同族的首級來換取獎金。頭目一百五十元至兩百元，壯丁一百元，婦女三十元，幼兒二十元，至於「首謀者」莫那・魯道，則是「特別賞」！
於是在同族觀念尚未形成的當時，許多人被日本人利用去屠殺自己的同胞。
或破壞抗日族人的農田，斷其糧食。
也因此，日軍多日無法前進的窘態才得以改觀。
哈哈！一百元。
這個是斯庫的……魯比……

而且還強迫一名抗日族人少年比荷・瓦利斯*去負責登記「誰砍下的頭、發多少獎金」等記錄……

*註：比荷・瓦利斯，日本名高山清，中文名高永清，荷戈社人，當年十五歲，因與道澤社的同學逃難回道澤社，不料該社不久加入親日派，因而被俘。是霧社事件見證人之一，戰後曾任第二任仁愛鄉長。

十一月五日，在山砲猛烈炸射的掩護下，

日軍司令部下令攻佔馬赫坡社上方戰略要地「一文字高地」，於是安達大隊便以人數眾多的優勢兵力衝殺過去，與據守在馬赫坡的抗日原住民正面衝突。

碰！
呼！
碰！

莫那・魯道的次子巴索・莫那，在這一役當中下顎中彈，身受重傷。
呼！呼！

不要管我，快去殺日本人！
巴索・莫那！

日軍雖然在砲火充足、人多勢眾下進攻，卻敵不過由達多・莫那所率領的賽德克族人來自林頂或岩石上的狙擊！
掩護我……
噠噠噠…
衝呀！

噠
噠
噠
噠
快！用曲射砲！
來了！
沒有子彈，就用獵刀吧。殺！
賽德克族人也以搶來的機關槍反擊日軍，可惜彈藥用盡。
機關槍的子彈打完了……

轟！
快！
發射！
轟！
喝！

喝！

呀！

賽德克巴萊
Seediq Bale
漫畫·巴萊 15
台灣第一部霧社事件歷史漫畫

呀！
喝！
哇！
十一月五日這場「馬赫坡激戰」，在苦戰三小時後，日軍安達大隊共戰死十五人、負傷二十一人，元氣大傷，狼狽撤退。
但日軍的另一支部隊——松井大隊，卻趁著兩方激戰的時候，出其不意地佔領了最高的一個稜線；賽德克族人只好撤退到馬赫坡溪谷。
我活不了啦！只會拖累你們。快走吧！
巴索，我背你……
殺了我吧！我寧願死在自己人手裡，也不讓日本人得手……
唔……
兄弟，再見了！……
叭！

＊註：巴索的堂弟蔡茂琳（今住清流村），曾親眼目睹巴索命戰友砍死自己這一悲壯情景。

從十月二十八日到十一月五日之間，日軍共出動部隊人員一千三百二十名（包括步兵、山砲兵、飛行兵及憲兵）、警
察一千一百六十三名及軍伕（包括平地人及親日賽德克族人）一千三百八十一人，還有飛機、山砲等等……

用了將近四千人的龐大部隊去「討伐」起義的賽德克族僅三百餘名武裝壯丁。他們耗盡氣力，卻不見有多大的效果。抗日賽德克族人仍聚在馬赫坡溪谷一帶的岩窟內，伺機偷襲日軍，頑強不屈！

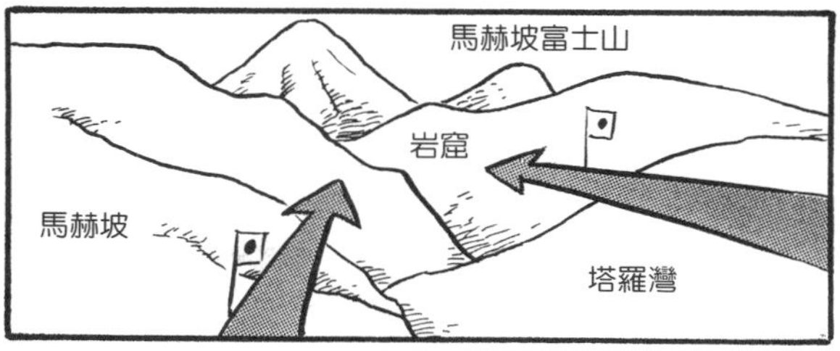
馬赫坡富士山
岩窟
馬赫坡
塔羅灣

十一月六日，日軍司令部發覺人員損失太大，因此決定停止步兵作戰，改以山砲、飛機砲擊的包圍戰術為主。

只有一個方法可以減少人員損失，就是讓味方蕃上第一線……

日軍苦於對付不了躲藏於馬赫坡岩窟的抗日軍，而把砲兵陣地由塔羅灣推進到離馬赫坡溪谷大岩窟最近的地點，

猛烈炸射！當時在一日內就用掉砲彈約二百發、子彈一萬多發。

此外，更積極策動親日賽德克族人的「獵首行動」。

飛行隊也派出偵察機一架，拍攝馬赫坡岩窟的照片。
另以三架飛機編隊執行大規模轟炸。
飛機朝馬赫坡、塔羅灣一帶濫射一番。
咻！
咻！
日軍的包圍已日漸縮小。

十一月七日，埔里臨時機場建造完成，於是將鹿港基地推進到埔里，準備在此好好發揮「科學的攻擊法」。
十一月八日，日本警察搜索隊在荷戈社下方森林地帶一個小山丘上，
發現二十四具自殺身亡的屍體。經查證，發現切腹自殺的是賽德克知識份子花岡一郎和其妻子花子，以及一歲小孩幸男，其他還有花岡二郎和其親屬等，都是上吊在樹上。
德克達雅群賽德克族相信其祖先是由大樹所生，所以自殺時必須回到大樹上。

後來日警當場火化了這些遺體。
日警為了驗證這些自殺者的身分，特別抓了逃到巴蘭社避難的花岡二郎之妻初子（中文名高彩雲）到現場指認。
初子假裝不認得路，但一想起這一條與親人、丈夫生離死別之路，便淚水盈眶。
事後據初子的回想：原來起義當天（十月二十七日），她並不知道消息，還和花子一同買了糖果，準備去參觀運動會。不料到達時，抗日戰鬥已經開始，她和花子走散，因怕穿和服被誤殺，便躲了起來。事後聽到姑媽找尋她，才從日本人屍堆中爬出……
她得救後，想回宿舍看看一郎、二郎的安危。一路上都是日本人的屍體。回到宿舍，一進門就看到一郎、二郎用毛筆在牆上寫的遺書：
「我們花岡兩人非離開世上不可，蕃人的出役太多，竟造成此種情勢，我們為蕃人所迫，終於一籌莫展。昭和五年十月二十七日上午九時，蕃人已守住各方，自郡守以下，所有職員全死於公學校。」
當日下午，初子、二郎及一郎夫妻換上賽德克傳統服裝回到荷戈社，整個部落正處於熱血沸騰的狀態，準備與日人決一死戰！

十月二十八日，初子父親塔道・諾幹（荷戈社頭目）帶領壯丁出去戰鬥。
族內的老弱婦孺都到山中避難。因為發生起義事件，日本警察必定對族人展開討伐，整個部落的族人也都抱著必死的決心來對抗日本人，家人和親族也決定以身殉死。二十八日晚上，共二十多名親族前往荷戈社北方的森林中準備自縊。
伊莉斯・諾幹（花子之母，初子的姑媽）
我唱完訣別歌後，大家放開麻繩，腳放下，這樣自殺才對。
祖先啊，我們就要去見你們了，請在黃泉的先人，準備好食物，來接我們吧……
就在訣別歌唱完前，一郎、二郎急忙跑來阻止眾人自殺。
那天夜晚，大家飢寒交迫地在陰森的樹林中過了一夜。
二十九日一早，一郎和二郎又下山去了，直到晚上才回到山上。但這次他們兩人一言不發，臉上已顯出將以身殉死的決心……
大家不要自殺，到巴蘭社來避難吧。
但大家求死之心堅定。
初子這時懷有五個月身孕，也決定殉死，但是二郎不同意……
你有身孕，日本人應該不會對你不利。你要活下去，為我們後代……

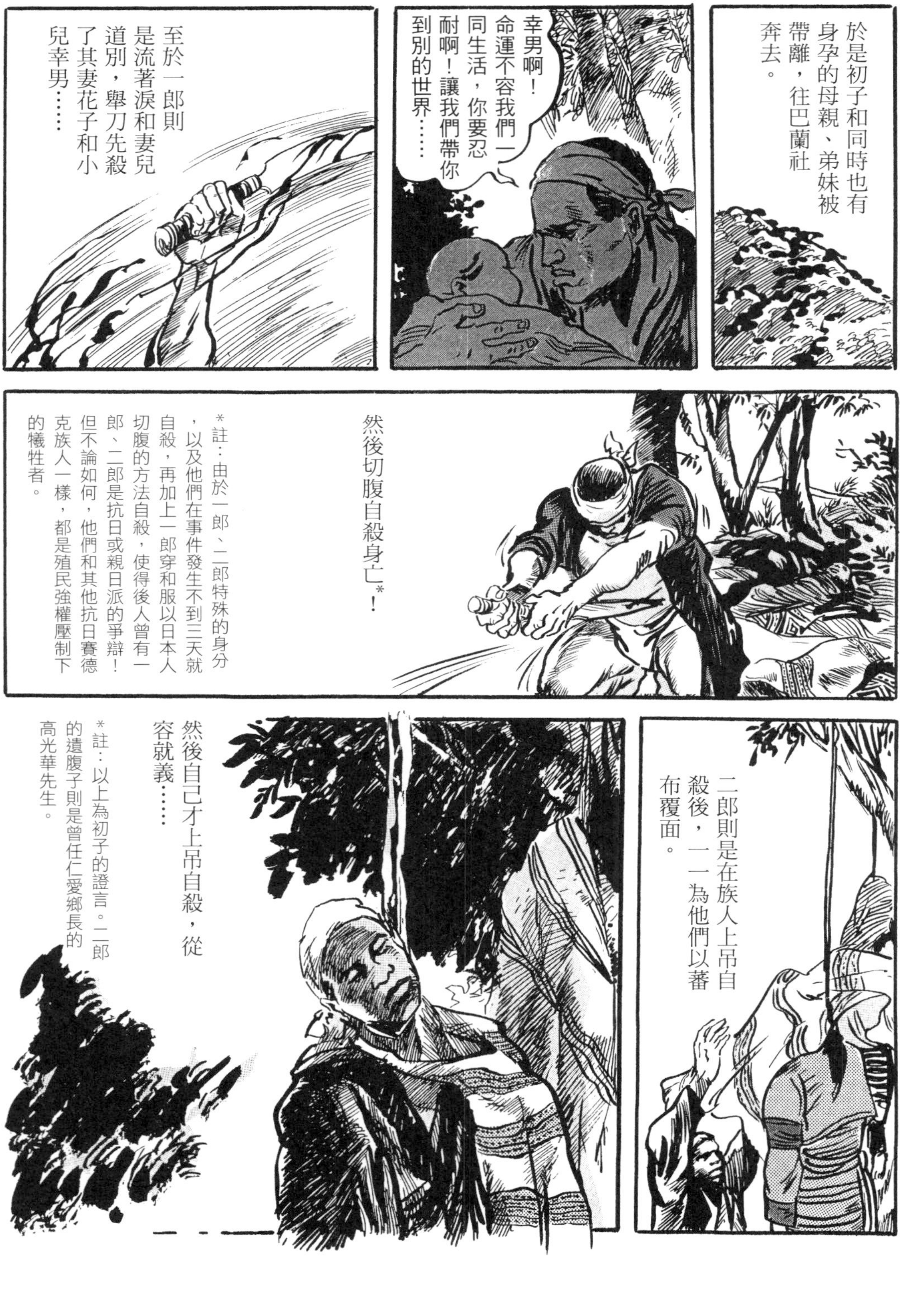
於是初子和同時也有身孕的母親、弟妹被帶離，往巴蘭社奔去。
幸男啊！命運不容我們一同生活，你要忍耐啊！讓我們帶你到別的世界……
至於一郎則是流著淚和妻兒道別，舉刀先殺了其妻花子和小兒幸男……
然後切腹自殺身亡*！
*註：由於一郎、二郎特殊的身分，以及他們在事件發生不到三天就自殺，再加上一郎穿和服以日本人切腹的方法自殺，使得後人曾有一郎、二郎是抗日或親日派的爭辯！但不論如何，他們和其他抗日賽德克族人一樣，都是殖民強權壓制下的犧牲者。
二郎則是在族人上吊自殺後，一一為他們以蕃布覆面。
然後自己才上吊自殺，從容就義……
*註：以上為初子的證言。二郎的遺腹子則是曾任仁愛鄉長的高光華先生。

這天，日軍司令部撥下的「瓦斯彈」也運到了。
1193

為了縮短這場戰爭，日軍不顧國際公約，以「瓦斯彈」來對付自己「國內」的「少數民族」！儘管日軍辯稱使用的是「催淚瓦斯」。

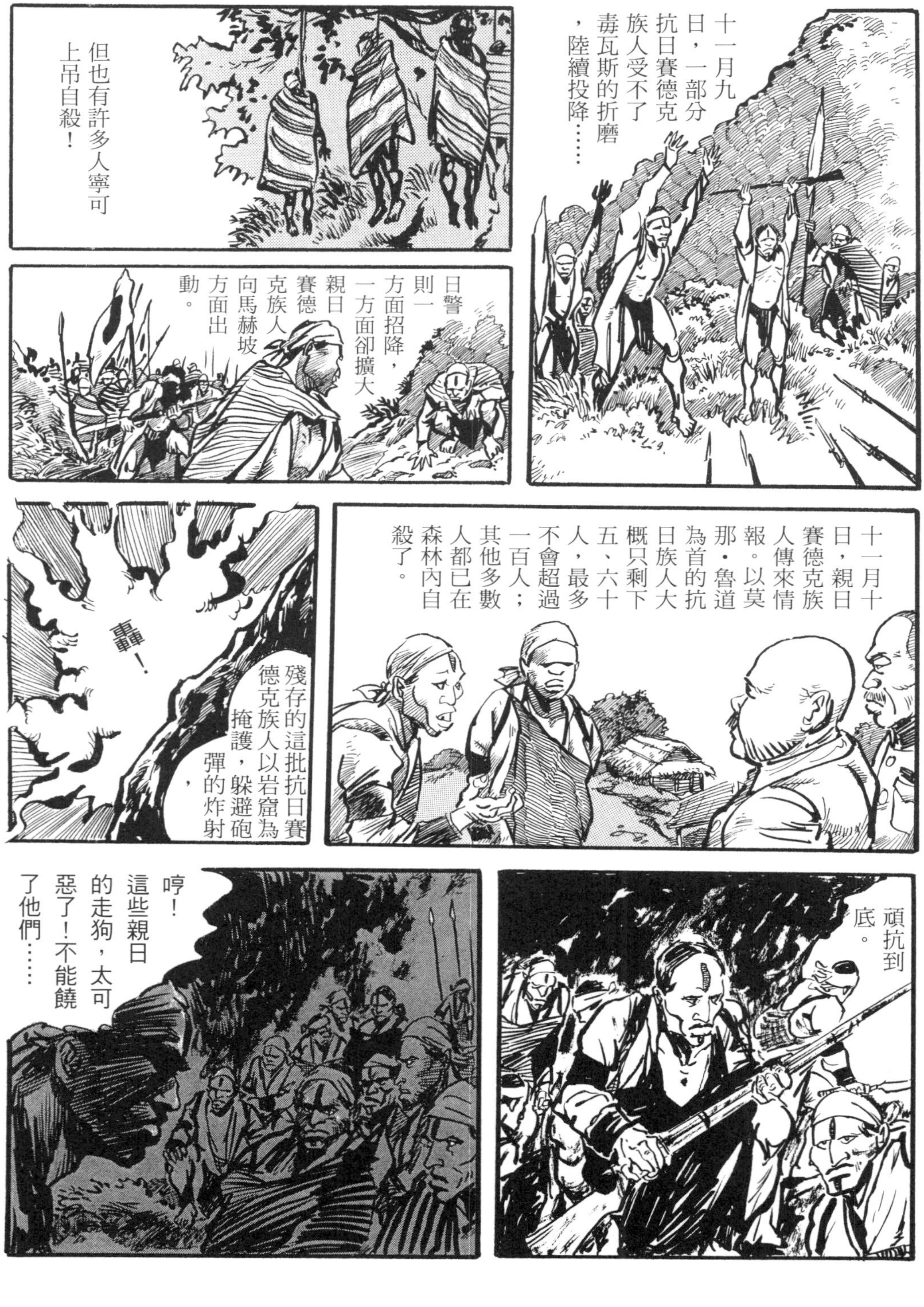
十一月九日，一部分抗日賽德克族人受不了毒瓦斯的折磨，陸續投降……
但也有許多人寧可上吊自殺！
日警則一方面招降，一方面卻擴大親日賽德克族人向馬赫坡方面出動。
十一月十日，親日賽德克族人傳來情報。以莫那・魯道為首的抗日族人大概只剩下五、六十人，最多不會超過一百人；其他多數人都已在森林內自殺了。
殘存的這批抗日賽德克族人以岩窟為掩護，躲避砲彈的炸射，
轟！
頑抗到底。
哼！這些親日的走狗，太可惡了！不能饒了他們……

抗日賽德克族人多日遭親日同族殘酷的獵頭戰，之後也不甘示弱，於十一月十一日這天，
羅多夫社壯丁波荷庫・瓦力斯運用奇計，在哈本溪岸，
一舉襲殺了道澤社頭目鐵木・瓦力斯等十七名親日賽德克族人，重傷七名*。

*註：清流部落的曾少聰也參加了這一戰役。曾少聰當年十五歲，是少數倖存的參戰者。

日軍在這天也根據親日賽德克族人偵察出的馬赫坡岩窟位置，以飛機、山砲同時對準目標猛烈攻擊，企圖一舉消滅抗日賽德克族人！

日軍所繪之戰圖

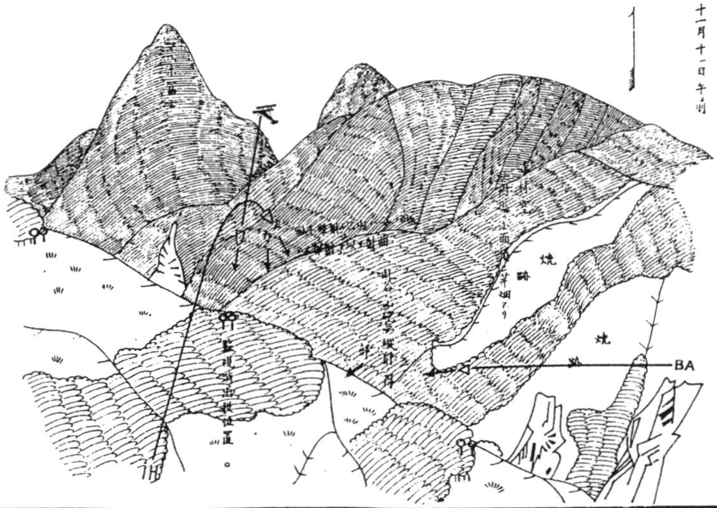
東南
十一月十一日午前
燒
燒
BA

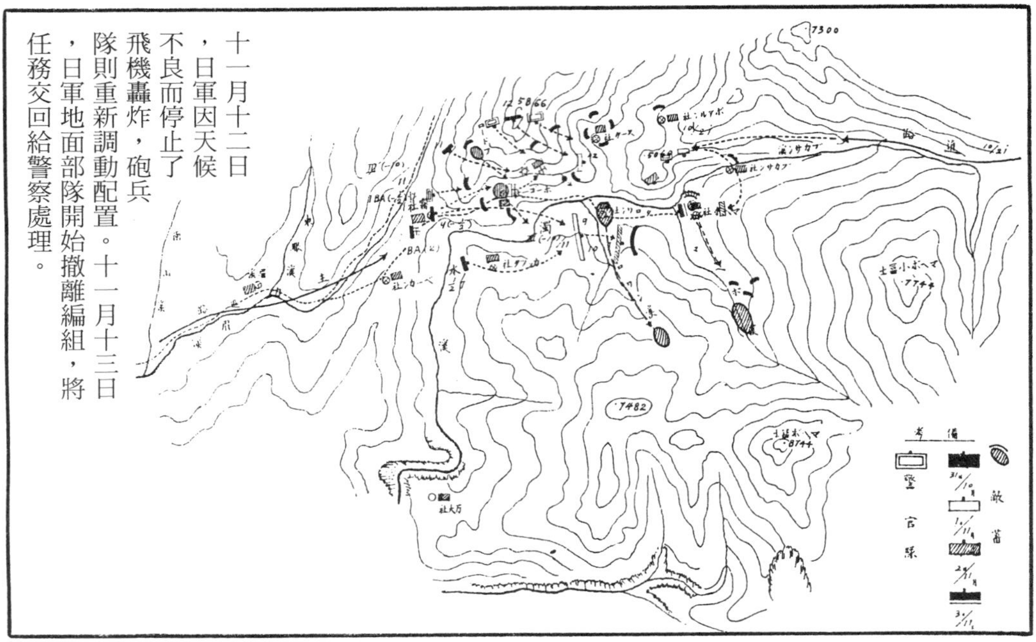
十一月十二日，日軍因天候不良而停止了飛機轟炸，砲兵隊則重新調動配置。十一月十三日，日軍地面部隊開始撤離編組，將任務交回給警察處理。
日軍用軍事地圖

由於從開戰到目前為止，日軍地面部隊的任務已大致完成，抗日賽德克族人被逼到深山縱谷，各蕃社也已受到控制。再說，日本人在深山作戰根本不是賽德克族人的對手，因此乾脆讓賽德克族人自相殘殺，或是以「科學攻擊法」比較省事。
日軍用軍事地圖

至於抗日賽德克族人雖然已到了彈盡援絕的地步，仍然勇敢地向駐守馬赫坡東側的安達大隊陣地、塔羅灣陣地第三中隊展開猛攻。計算其行動人數，竟是殘存人員全面出動！

十五日這天的攻擊行動中，也有一部分抗日賽德克族人被日軍高井部隊俘虜……
帶回本部去。
其中羅多夫社的二十歲壯丁……
都達伊・比荷竟突然拔出自己的配刀，
當場切腹自殺！

十一月十六日，飛機除了轟炸之外，還投下六千多張紅色勸降傳單。一時之間，好像櫻花開滿了全山……
傳單上寫著：快快出來投降的不殺。想投降的，快放下槍，高舉兩手，前來馬赫坡社。
日軍這場心理戰果然奏效，十天內就有五百多人出來投降，但全是老弱婦孺。壯丁不但沒有投降，十七日還向萬大、羅多夫、波阿崙等日軍陣地做波浪狀的猛攻……
十一月十八日，鎌田支隊做撤退前的最後總攻擊。他們不但派出飛機以低空飛行，向馬赫坡岩窟炸射瓦斯彈（毒氣瓦斯），還以山砲大規模發射瓦斯彈！光是一天內，就用了榴彈兩百發、瓦斯彈一百發、燒夷彈十發……等。

賽德克巴萊
Seediq Bale

漫畫·巴萊 16

台灣第一部霧社事件歷史漫畫

十一月十九日，安達少佐以一百五十名味方蕃為先遣步兵，組成一個中隊，配合步兵砲隊向馬赫坡岩窟進攻……

十一月二十日，川西警部指揮的味方蕃搜索隊，在馬赫坡岩窟附近森林中，發現了抗日賽德克族人大規模的集體自殺現場！共一百四十多具遺體，還有十五、六人投環於同一棵樹上（經查為一家人），使整棵樹都快斷了。這種景象真是古今未見。

而生存者則是發誓殺到彈盡援絕為止。

這天，日本陸軍技術本部員兼科學研究所員——相馬少佐，特別趕到台灣，教導使用所謂的「特製彈」。原來，日軍司令部已受不了這場愈陷愈深的戰爭，終於耐不住地使用「特製彈」來對付這些難纏的頑抗份子。

十一月二十一日，地面部隊開始陸續撤退。畢竟只是討伐自己「國內」少數民族的「叛亂」，卻出動了正規軍近兩千人（不包括警察隊、軍伕），打了那麼久還打不下來，真是太沒面子了。

十一月二十六日，飛機開始在馬赫坡溪谷及馬赫坡東方森林地帶投下了「特製彈」，為了瞭解「特製彈」的效果，還調來軍醫，當場解剖抗日賽德克族人的遺體，但報告全列為機密*。
*註：據後來日本歷史學者吉見義明教授的研究報告，證實為具有糜爛性毒（致嘔、皮膚起泡潰爛、窒息）的碳酰氯毒氣，為日軍使用毒氣史上的第一樁。

十一月二十七日，達多・莫那率領約二十名壯丁，襲擊了親日賽德克族人和警察隊，殺死四人！
此時日軍發現莫那・魯道已經很少露面，大部分的戰鬥都是由其長子達多・莫那所領導……
這天日本憲兵隊終於找回被奪的機關槍一挺。
十一月二十八日到十二月七日這幾天，已不再有什麼戰鬥發生，大概是特製彈發生了效用，所以日軍連兵部站都解散了。鎌田守備隊司令官則忙著趕回台北，向軍司令部報告，並且到台灣神社參拜……

眾人與我在
祖先所在之
冥世再見吧！
至於抗日賽德克族人方面，在日軍投下糜爛性毒氣彈之後，痛苦不堪，紛紛上吊身亡。莫那・魯道也覺得時限已到，向族人訣別……

話說完，他便用步槍射殺妻子及兩個孫兒……

將他們的屍首置入茅屋內，放火燒了！
他為了不讓日本人取得自己的首級，所以向中央山脈的深山中直奔而去，要到日本人找不到的地方自殺……

達多・莫那在父親死後，仍率領殘存的部下反抗到底。根據賽德克族的習慣，勇士如果留下子彈而死，是一種恥辱，所以不戰到最後一彈，絕不罷休。但到了十二月八日這天，他身邊的部下也只剩下四人。日警得到情報，決定生擒他們，好做整個事件的調查。
樺澤巡查部長抓來了以前被俘的達多之妹馬紅，脅迫她去勸降達多・莫那。
日警準備了六瓶清酒……
命二十四名族人陪同，
讓馬紅回到已殘破不堪的馬赫坡社，呼喊她哥哥出來投降……

哈哈！日本人也知道我們好久沒喝這個啦！多謝啦！至於投降嘛，哈哈哈……
達多果然出現了。
！
沙
沙
哥哥！
達多！
嗯，好酒！
馬紅，你要自己多保重……
咕嚕！
馬紅知道哥哥的決定後泣不成聲。

達多說完
，舉起清酒
一飲而盡，在
半酩酊的狀態下
和四個戰友跳起辭
世舞，並向空中放
槍，打光所有
子彈。
然後他
吶喊著
唱出即
興而作
的訣別歌
：「哈巴歐
・巴滋克（其
妻名），請你把酒釀
好！莫那・達多（其長子
名）啊！瓦力斯・達多（其次
子名）啊！太太呀，請你在通往
祖先冥世的道路上，稍等一會兒，
我將很快趕去和你們會面！」

一唱完，即帶領著達奇斯、那威、瓦力斯和巴萬四名親信……
直奔布砍散溪的森林中，上吊殉死！賽德克族人這種氣魄，連當時日軍都極為懾服，把達多比作日本戰國時代的勇士，而稱此為「最後的酒宴」！

十二月十二日，霧社事件主謀者之一，比荷・沙波在眉溪駐在所被日警捕獲。而其他日警急欲逮捕的比荷・瓦力斯則已自殺；莫那・魯道更是從此失去蹤跡。
歷時五十餘天的霧社事件終於結束。雖然日人以軍事鎮壓平定了起義的行動，但也付出了慘痛而龐大的代價……台灣總督石塚英藏也因此引咎辭職。
但日本人的報復行動並沒有因而停止。他們先是把投降的抗日賽德克族人解除武裝，集中於俘虜營中，稱之為「保護蕃」，共有五百六十四人。
當時一一訊問十五歲以上的男子，凡認為有可能抗日的，都當場在霧社搜查總部後門處決*。

*註：此為清流村高愛德先生之證言。當年他也曾被訊問，因機智而撿回了一命。

更無人道的是，日警當局為了斬草除根，或報個人私仇，於次年一九三一年四月二十五日上午一時，策動了「第二次霧社事件」。發動並借槍給於霧社討伐戰中和抗日賽德克族人結下仇的道澤社賽德克族人共兩百多名，夜襲了抗日賽德克族人的俘虜營。身無寸鐵又都是老弱婦孺的抗日賽德克族人一時無從抵抗，被殺二百一十六名。日警當時還曾象徵性的以機關槍開火，以「保護」保護蕃。奇怪的是，來襲者竟沒有人中槍，事後還在道澤駐在所前和偷襲者及抗日賽德克族人的一百一十個首級合影。

經此屠殺後，賽德克族人再也沒有能力反抗了，只有聽任日人的安排強迫遷村……

他們由祖居地霧社山區，遷移到埔里以北、距霧社五十多公里遠的「川中島」（今仁愛鄉清流部落），而將抗日族人的土地全贈送給親日派幫助討伐有功的味方蕃。川中島只是北港溪的一個浮洲，只有一座吊橋可外通，日警以此方便控制賽德克族人，並派了五十多名警察看守這三百多名賽德克族人。
川中島由於海拔較低、氣候也較熱，久居高山的抗日族人因不適應及思念親人而病死、自殺者，時有所聞……
之後，日警的報復行動並未結束，又明查暗訪的繼續調查，於這年十月十五日，假借舉行「歸順式」，
誘捕了川中島壯丁二十三名及霧社各社十五名曾參加抗日活動的族人。這些人一去不返，直到戰後才被挖掘出遺骸，證實遇害。整個霧社事件的抗日族人由原來的一千兩百三十六人，至此僅剩兩百多人，幾乎全族滅亡。其壯烈的犧牲，實在令人致上無限的崇敬！

至於日人
所懸賞的莫
那・魯道，則
是要到四年
多後才被打
獵的賽德克族
人在一個地名「
開欽」的深山岩
洞中發現！

考證其遺骨得
知，原來莫那・
魯道在告別了族人
後，便在這裡舉步槍
由下顎發槍自殺，從容
就義！結束了他四十九歲
的一生。

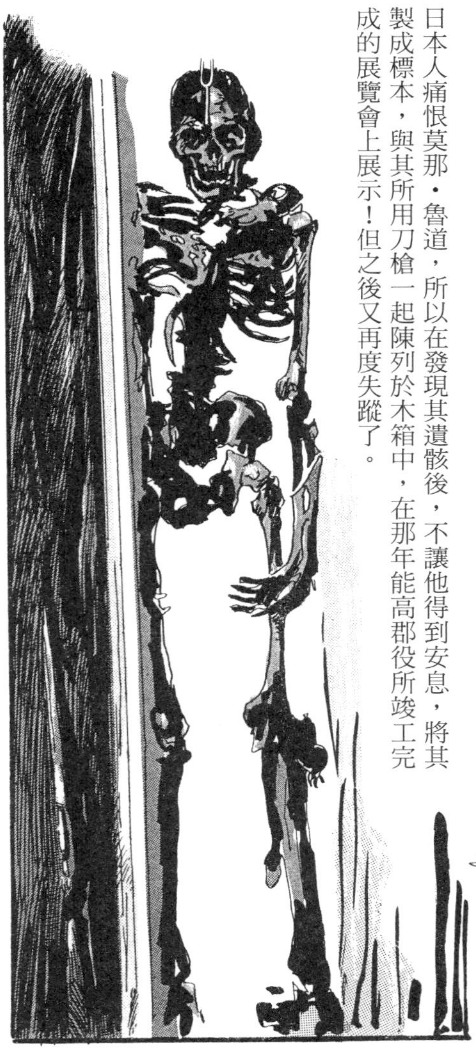
日本人痛恨莫那・魯道，所以在發現其遺骸後，不讓他得到安息，將其
製成標本，與其所用刀槍一起陳列於木箱中，在那年能高郡役所竣工完
成的展覽會上展示！但之後又再度失蹤了。

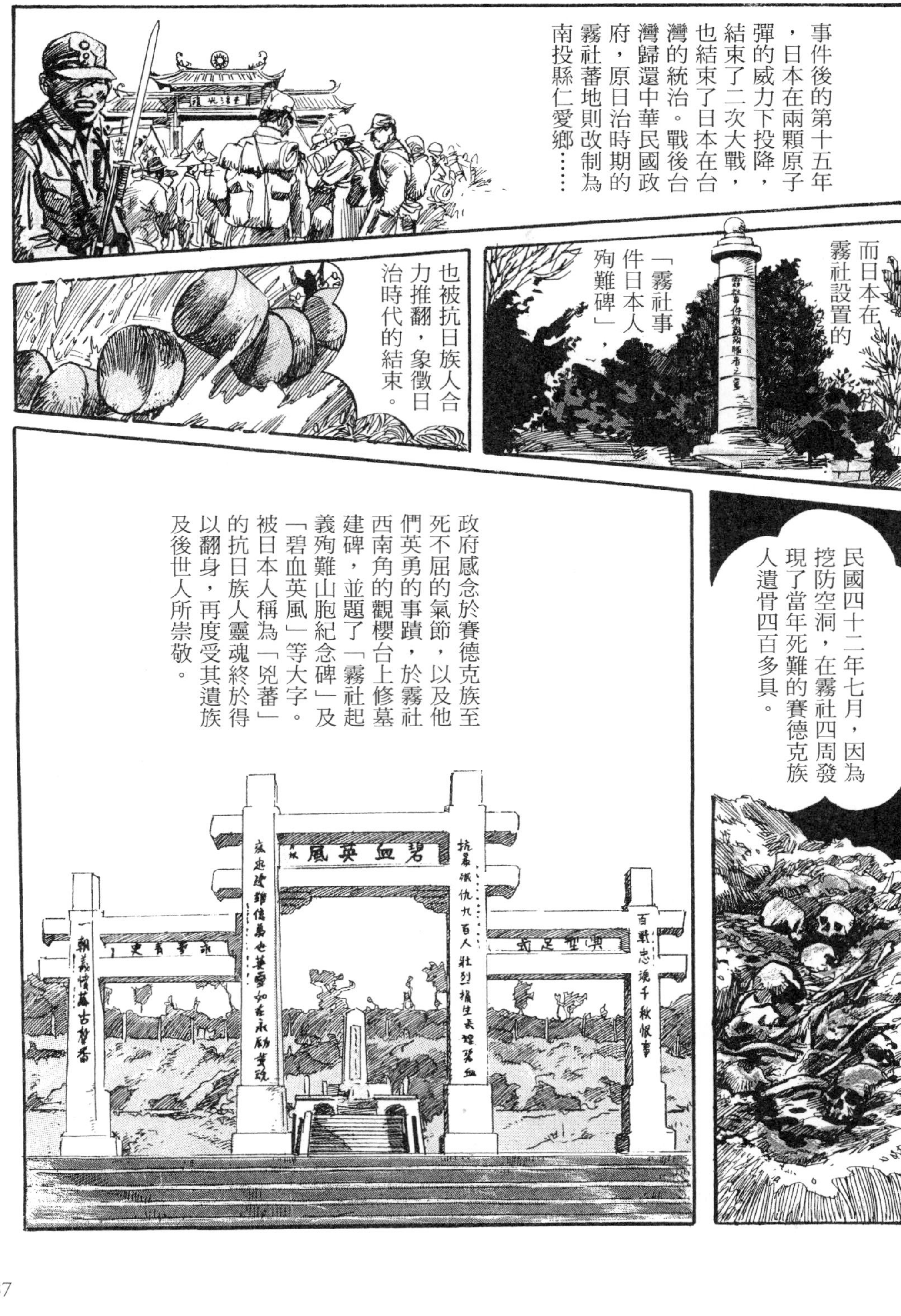
事件後的第十五年，日本在兩顆原子彈的威力下投降，結束了二次大戰，也結束了日本在台灣的統治。戰後台灣歸還中華民國政府，原日治時期的霧社蕃地則改制為南投縣仁愛鄉……
而日本在霧社設置的「霧社事件日本人殉難碑」，
也被抗日族人合力推翻，象徵日治時代的結束。
民國四十二年七月，因為挖防空洞，在霧社四周發現了當年死難的賽德克族人遺骨四百多具。
政府感念於賽德克族至死不屈的氣節，以及他們英勇的事蹟，於霧社西南角的觀櫻台上修墓建碑，並題了「霧社起義殉難山胞紀念碑」及「碧血英風」等大字。被日本人稱為「兇蕃」的抗日族人靈魂終於得以翻身，再度受其遺族及後世人所崇敬。
碧血英風

抗日領導者莫那・魯道的遺骨在二度失蹤後，終於在三十九年後的台大醫學院標本室中被發現。原來日本人把莫那・魯道的遺骸當作人類學及醫學的標本來處置。但許多學者都認為應該予以厚葬。清流部落（川中島）的遺族們知道後，表示希望能將之迎回故里，安葬供奉。

一九七三年，莫那・魯道的遺骨在遺族代表扶靈下，回到了闊別四十三年之久的故鄉霧社安葬！這可說是「無言的凱旋」。政府也在殉難碑之後，另建「莫那・魯道烈士之墓」。

莫那・魯道終於在死了四十餘年之後，獲得了他應享的一份尊榮……

賽德克族文化小事典

傳統的賽德克族，遵行著以Gaya（祖訓之意）為中心的生活方式，舉凡狩獵、耕作、家庭、宗教……等，皆以Gaya為中心，它代表部落所有族人必須遵循的法律規範，也因此形塑出獨有的文化特質。以下就賽德克族的生活方式與主要傳統特色做簡要介紹。

飲食

賽德克族的主食為甘藷、芋頭、小米等，其中小米是採燒墾游耕的方式耕種。肉類多半為農閒期間狩獵而來，如飛鼠、山羌、山豬、水鹿等。家中會圈養豬，但只在慶典、婚宴時才與部落族人一起宰殺分享。日治時期原引進水牛供族人耕田用，卻被賽德克人當作肉食來源之一。此外族人也會採集香菇、蜂蜜、野菜等食物搭配食用。

服飾

傳統服飾中，以長袖長上衣最為普遍，也最實用。因居住於中高海拔山區，打獵或耕作時常須夜宿臨時獵寮與耕地工寮，長袖長衣較能夠禦寒並抵擋開路時的荊棘。材料上以白色苧麻為主，另搭配植物染色。現代因毛線的取得便利及色彩多樣，成為普遍常用的衣料。

◎日治時期才引進的水牛

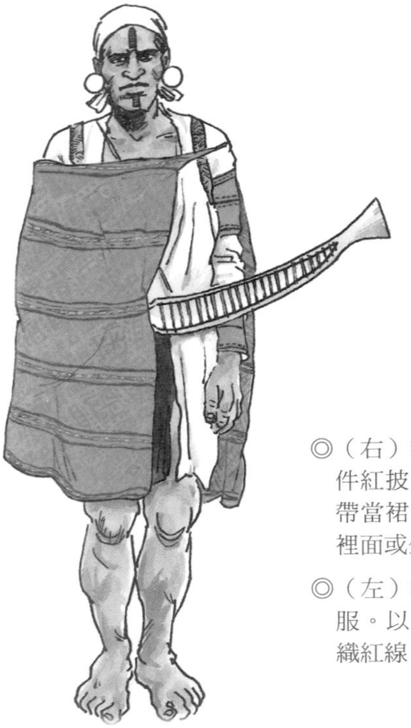

◎（右）賽德克族女子服。以兩件紅披風左右斜披，再綁上腰帶當裙子，長袖短上衣可穿在裡面或外面。

◎（左）賽德克族男子常見外出服。以白底為主，袖子上會夾織紅線。

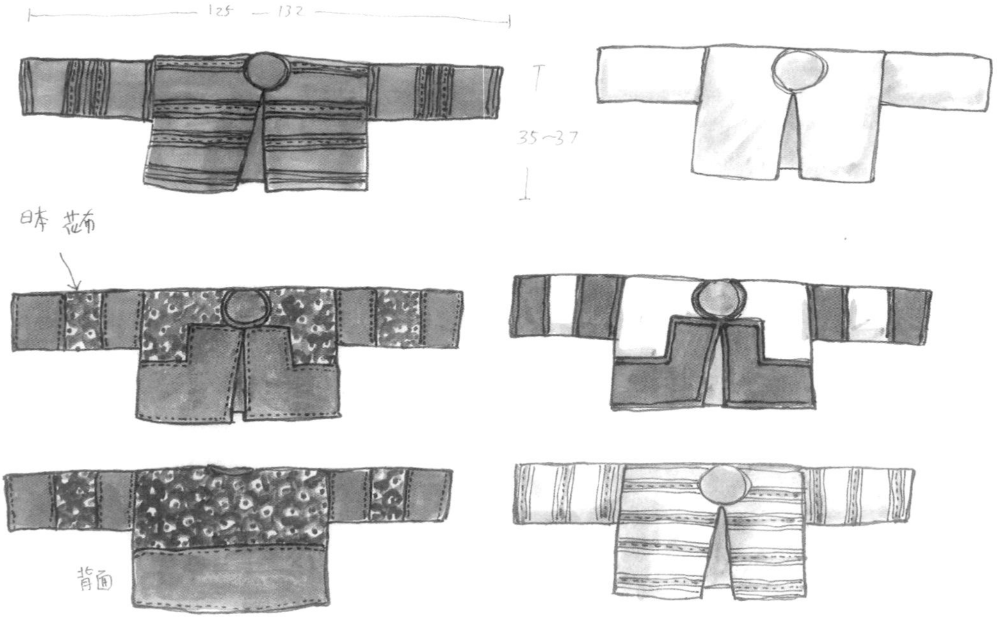

◎女用上衣的幾種常見形式。日治時期還流行加上日本花布做變化。

◎男子禮儀服之一，較為少見，通常是頭目或部落中的有力人士才可穿著。

◎男子禮儀服，獵頭英雄於獵首祭中使用。背面有黑藍菱紋，下襬裝飾銅鈴鐺。

◎男子工作服，通常為黑色、深藍色或棕色縱紋。

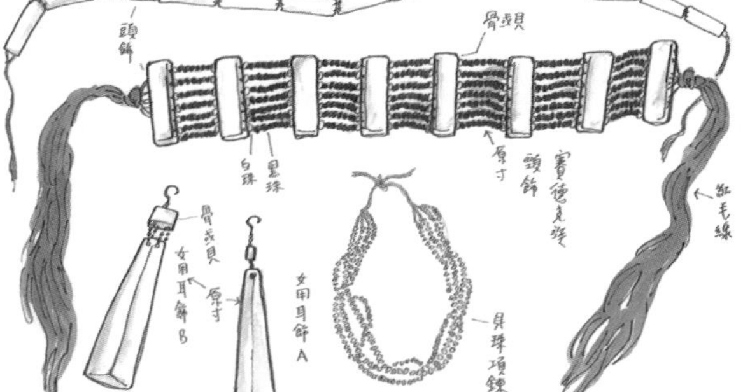

◎賽德克族的頸飾與耳飾

住屋

賽德克族的傳統建築主要有部落家屋、糧倉、望樓等，其他如牛舍、豬舍、雞舍等都是晚近才有的建物。傳統的賽德克族住屋為半穴居式的木造形式，興建時會先在預定建地上由地面下挖近兩公尺深，然後在坑地上立柱興建。屋頂的材料常用頁岩石板及白茅草鋪蓋。

此外，每間新家屋的建成都是靠部落族人的幫忙，也展現出部落間的集體意識。望樓主要功用在於作為族人青年的聚會所，同時也是瞭望台，青年朋友可在此聊天、唱歌、嬉戲。

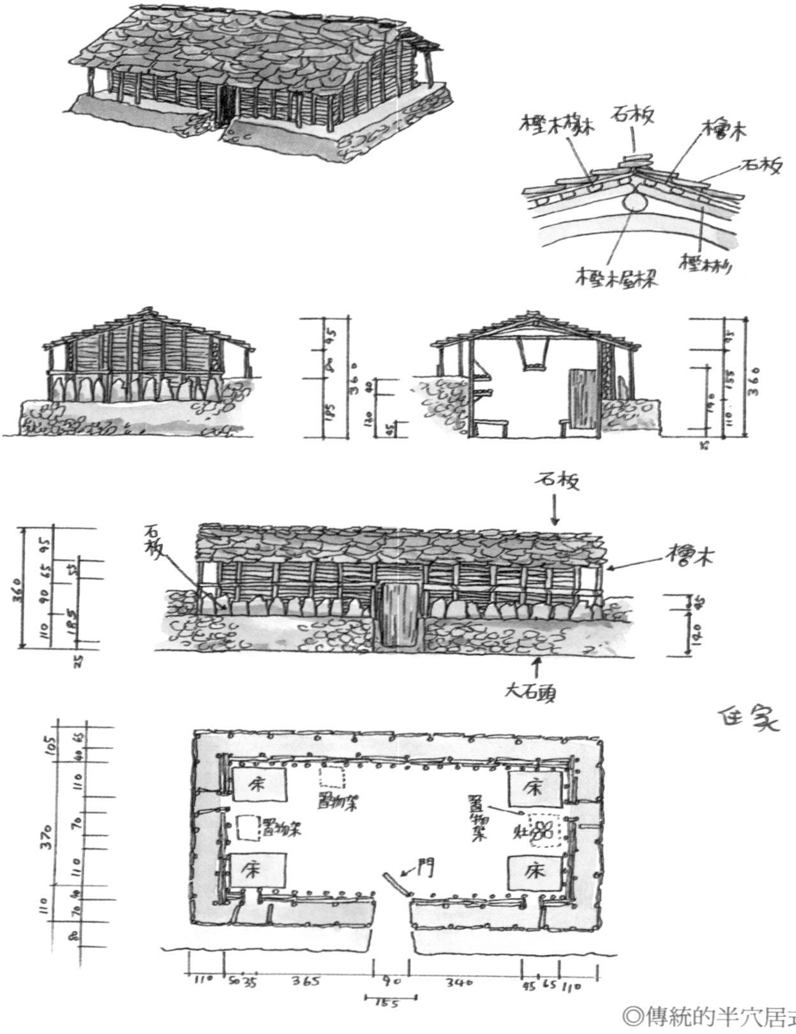

◎傳統的半穴居式家屋結構

◎傳統家屋內部陳設十分簡樸

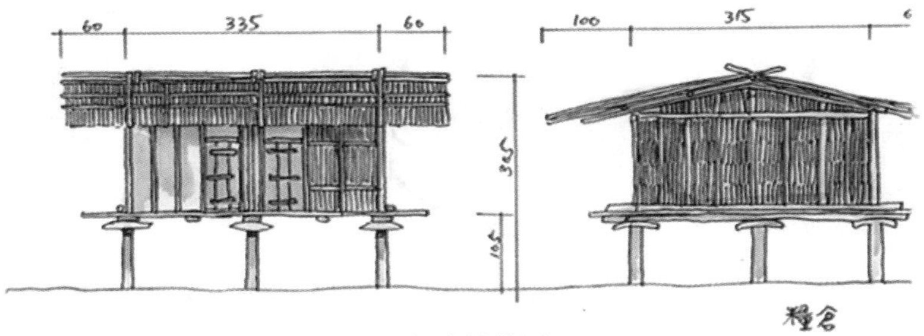

◎糧倉結構圖

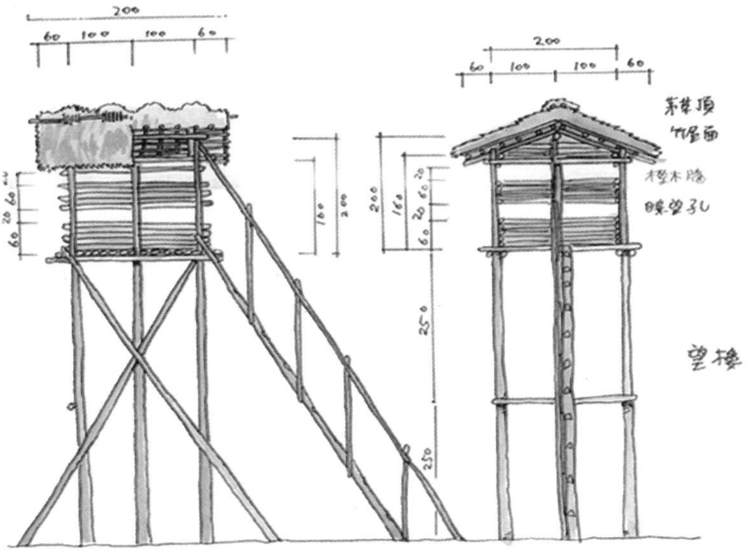

◎望樓結構圖

紋面

賽德克族的傳統文化中，最具民族特質的就是紋面。賽德克族男子必須成功獵取敵人首級，女子則要具備嫻熟的織布技術，才有資格紋面。有了紋面的賽德克族人，才等於有了成年與民族的標記，藉此表示男人有能力保衛家園，女人則能持家及維護家庭溫暖。沒有紋面的族人，將難立足於賽德克族的社會。

賽德克族人相信，當族人去世後，回到祖靈的居所，祖先們會以臉上的紋面與子孫相認，因此，紋面也象徵了死後認祖歸宗的意義。

◎賽德克族婦女的紋面變化較多，額紋有三種形式。

◎賽德克族男子的紋面圖案大同小異。額紋時有多條的樣式。

出草獵頭

在賽德克族的觀念中，出草獵頭是男人尊嚴的象徵，也是表現英勇的方式。此外，族語中稱出草為「mgaya」，有「執行道德」的意義，也就是靠獵頭成功與否作為判定是非的依據。然而出草也不見得每次都成功，有時反而會被敵人所殺，所以，出草是一件很盛重的大事。

在族人的祭祀中，敵人的頭也是對祖靈最崇敬的祭品，可以為族人治病和祈福。更特別的是，獵頭者會將被獵人頭清洗乾淨，迎回部落，餵人頭喝酒、吃飯、抽煙斗，深怕對人頭招待不周，表現出對敵人最大的崇敬。

有Gaya指引的漫畫人生

——專訪漫畫家邱若龍

文：陳彥仲
攝影：林孜懃、陳彥仲

踏進邱若龍的工作室，映入眼簾除了滿室的古文物，其中特別醒目的，莫過於那尊身穿賽德克族傳統服裝的人體骨骼模特兒。如此帶點無厘頭風格的大型收藏，就如同他那不時讓人忘情大笑的說話方式。

◎除了漫畫創作，為霧社事件相關人物繪製彩色設定圖也是重要工作項目之一。背景可見工作室中那尊醒目的骨骼模特兒。

騎向霧社的摩托車之旅

作為將「霧社事件」改編成漫畫的第一人，邱若龍自有他備受肯定與重視的地位，然而，他與霧社事件結緣的開端，居然是起源於年少輕狂時一次無目的地的摩托車之旅。「那時學校剛畢業，不知道要幹嘛，就跟朋友騎機車從台中騎到埔里，看到一個指標寫著『霧社』，就想說去看看。」邱若龍回憶起二十多年前的事，就像昨日才剛發生一樣，連當時的細節與感受都記得一清二楚。「到了那邊也看不出所以然，我還問了旁邊賣麵的老闆，他也不知道。」邱若龍笑說。

彷彿是人與人之間有著看不見的線互相牽引著，在朋

◎自年輕時就帶著粗黑框眼鏡，進入中年後手中多了一只賽德克族的煙斗。

友的介紹下，邱若龍認識了霧社事件的當事人高彩雲女士，以及埔里的文史工作者鄧相揚先生。從他們口中，邱若龍對於原本有如一團迷霧的霧社事件，逐漸有了稍微清晰的輪廓，而他們所提供的歷史照片，也讓他腦中有了比較具體的想像。憑著一股想把不了解的事情搞清楚的傻勁，邱若龍開始長時間待在部落，與族人一起飲酒聊天、一邊聽他們說故事。雖然一開始，族人的態度多半比較保留，敘述的內容通常與官方說法一致，但漸漸的，邱若龍與他們建立起真正的友誼關係後，族人們才從自己的立場來訴說這件發生在祖先身上的故事。

在過去的年代，霧社事件被官方簡化成一樁民族抗日事件。事實上，事件當中尚牽涉了錯綜複雜的族群關係與文化衝突。隨著聽到的故事愈多，不同的看法會一一浮現，然而邱若龍始終抱持著一貫尊重的態度，不給予任何價值判斷，他認為自己沒有能力去判斷誰說得對或誰說錯。

除此之外，他始終保持著超然而不涉入的中立立場；他只是單純地期望，在追溯歷史原貌的過程與之後所得到的結果，能夠給予他人一種正面的啟發，而不是挑起無意義的爭端。

「族人說，他們有遺忘的權利。族人也說，不談就是一種善意。」邱若龍轉述著他所曾聽聞的族人意見，不過，他強調，「不談、不問，並不代表這件事沒發生過。族人自己不說，日本人還是會去做。其中有正面的，也有似是而非的說法。」因此，邱若龍認為，族人必須要有自己發聲的管道與能力，像霧社事件遺族後裔郭明正老師，就是一個很好的示範。

◎成疊的書堆，盡是研究霧社事件、台灣原住民或日治時期歷史文物的資料。

人生的轉捩點

「其實一開始沒有想要畫，只是聽故事而已，沒帶錄音機也沒帶筆，只是純粹聽大家聊天，但有人會問說你問這些要幹嘛，我就回答說要畫漫畫。既然話講出來就是要畫，不能一直混。」邱若龍又恢復一派詼諧的口吻說道。當年那位立下志願的青澀少年，就這麼一路找尋霧社事件的種種過往，一轉眼竟也過了二十個年頭。在這漫長的歲月中，霧社事件逐漸成為他生命中不可缺少的一部分，與他分享生活的朋友、共度人生的妻子，也是霧社事件的主角賽德克族人。邱若龍笑說，這當中一定有一種魔力，讓他身陷其中，難以自拔。而更重要的是，他在重構霧社事件的過程中，透過對事件的了解與反思，進而找到了自己所能認同的價值觀，並且建立起自己的觀點，當面對世界種種事物眾說紛紜之際，就能有獨立思考的能力與判斷力，而不會流於人云亦云。

◎翻閱著《漫畫．巴萊》的原稿，裡頭充滿了他的青春記憶。

除了發現與重建自我的內在，身為漢族的邱若龍，也因此更深刻而透徹地了解與自身文化極為不同的賽德克族，「因為認識他們、了解他們，所以相處的時候不會朝向起衝突的方向。」對於邱若龍而言，建立自己的看法，又不會以過度主觀的角度看待他人，並理解他人，是一樁十分重要的人生功課。畢竟，霧社事件的導因，一部分正是起因於不同族群之間的誤解與欠缺對其他族群的尊重所致。「藉由這樣的碰撞而產生的衝突，我們應該將此當作一種借鏡，不然，那些事件中的人們不就白白犧牲了嗎？……其實也不算白白犧牲啦，我想他們應該都上了彩虹橋。」這位賽德克族女婿如此說道。

以漫畫詮釋歷史的困難處

《漫畫．巴萊》呈現的寫實風格，其實是邱若龍多次調整後的結果。起初，邱若龍不假思索地將賽德克族人的外觀繪成卡通式造型，部落裡的老人家看了他的畫，不假思索地回說：「我們的頭沒那麼大！」於是，認真的邱若龍再回頭去找原住民族的圖像照片，一筆一筆用心臨摹。為

◎能夠看到並觸摸到真實的物件，有助於描繪出更逼真的圖像，才不會將蕃刀畫成牛角。

了忠實呈現賽德克族的文化特色，邱若龍義無反顧投入更多時間與精力；除了以老照片作為基本資料，他也多方拜訪部落裡藏有古器物的人家，一邊拍照記錄，一邊也試著以雙手觸覺來感受器物的質感與重量，甚至去體驗實際使用起來的手感。「光看舊照片來作畫，只是看到一個模糊的表象，蕃刀都有可能畫成牛角喔！」邱若龍笑著說。

在一般人的認知裡，漫畫創作需要的是天馬行空的想像力，然而，邱若龍選擇了原住民歷史這樣沉重的題材，勢必要與其他漫畫創作者走向不同的路，可能還更為辛苦，但是他仍不改幽默的口氣說：「這牽涉到一個民族，所以要做就要做得像，如果連我自己都看不下去，不如回家睡覺算了！」

細數賽德克文化迷人之處

支持邱若龍這幾十年持續投入的動力，除了一份單純的使命感與好奇心，還有賽德克族獨特的文化內蘊。「『賽德克·巴萊』，『真正的人』，沒錯，他們活著的方式才像真正的人。」邱若龍狀似平淡的口氣，藏不住他對賽德克文化的孺慕之情。「有如風的意志。」邱若龍補充說。

接著，他進一步說明：「賽德克族的生活建立在Gaya，也就是祖先所立的規範之下。但Gaya並不是一種死板的規定，而是由個人在大自然的規律下，往自己覺得好的方向去。因此，他們的生活與思想，與大自然的關係十分密切。」邱若龍說，賽德克人的個性非常直率，與人交談時總是將內心想法直截了當表露出來，絕不拐彎抹角，這是他最欣賞賽德克族人的一點。「可能只有在霧社事件時會把刀藏起來。」他表情正經地開了一個玩笑。

「獵頭，也是我非常有興趣的一件事。」邱若龍又語出驚人的表示。事實上，他所好奇的，是賽德克族文化中呈現出的一種看似「矛盾」的現象。根據賽德克族的傳統，部落的頭目需要具備優秀的戰技與輝煌的獵頭紀錄，表現強悍的一面；然而，他也必須具備像漢族對里長伯的要求，包括：能言善道、和藹可親、為人公正。這是第一層矛盾。當頭目獵取人頭後，對於原本勢不兩立的敵人首級，卻是誠心祭拜，奉飯、奉酒、奉煙；生前因為生存競爭成為敵人，死後都一筆勾銷變成朋友。這是第二層矛盾。只不過，這種種矛盾僅存於不了解賽德克族Gaya傳統的偏見當中。「全世界的民族都有殺戮的歷史，但有哪個民族對自己的敵人那麼好，其中最極端應該就只有賽德克族。」邱若龍毫不猶豫下了定論，而深藏於賽德克族的傳統價值觀中，那份為了生存而有敵我之分的無奈，以及生命逝去後和平相待的寬容，也許曾是其他族群遺失已久的美德。

創作觸角的延伸

向來隨著感覺行事的邱若龍，面對工作也是一貫的態度。「沒有靈感，就不要畫！」甚至「只要一工作，心情就低潮！」雖然看似一副享樂主義，但在他的心裡其實隨時隨地都在醞釀著為霧社事件找尋新的詮釋方式。一九九六

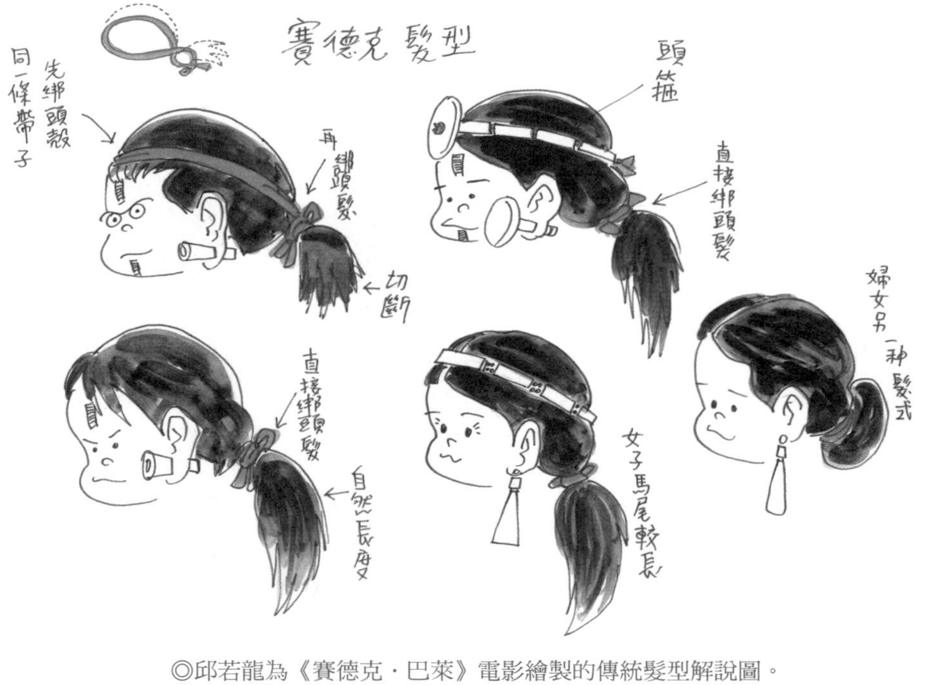

◎邱若龍為《賽德克・巴萊》電影繪製的傳統髮型解說圖。

年，他籌拍《Gaya—1930年的霧社事件與賽德克族》紀錄片，主要是幫部落裡日漸凋零的長輩們留下口傳紀錄，其次則是為自己的漫畫作品背書，表示自己的創作絕對是有所根據。在拍攝過程中，他與其中一位志願前來幫忙的義工結為好友，而這位提起霧社事件便同樣熱血沸騰的年輕人，即是日後執導《海角七號》一片而聲名大噪的導演魏德聖。

二〇〇五年，邱若龍又端出新作品，這一次是動畫片，而且內容擴及台灣原住民十族。從小閱讀《小叮噹》、《原子小金剛》、《好小子》等日本漫畫長大的邱若龍，更能體會長久以來台灣動漫市場普遍受到日系動漫宰制的不良發展。他感受到這幾年來台灣動漫界在技術上的進步，可是動漫本身的內涵卻還是沿襲外來的文化模式，嚴重欠缺自身文化的厚度。為此他一再強調，媒材只是一種工具，題材一定要從自己的文化出發，才能提高作品的辨識度與文化價值。同時他也贊同，不管是日本或歐美的動漫作品，多方涉獵必然會擴展個人的視野，並增長技巧，但若只是一味向外尋求，卻失了自己的根，「死了之後，就上不了彩虹橋囉！」他不忘再三搬出賽德克祖先的訓勉，殷殷叮嚀著。

◎詳細圖解明治時期的日軍裝扮，供電影劇組參考。

跨足影視工作

台灣舉凡與霧社事件相關的影視作品，其工作團隊裡頭，大抵都少不了邱若龍的身影。邱若龍從單打獨鬥的創作型態，轉換到成為由上百人組成的團隊成員之一，他認為每一次都是豐富的學習之旅。不過，他也坦言進入戲劇的世界愈久，愈渴求真實，甚至，他開始質疑人類發明了電影、電視，如此集結並耗費大量人力、財力、物力的藝術性工業，只為了留下一瞬間的感動，「究竟是好事？還是壞事？」他像是喃喃自問地說。若將兩者放在天平兩端，認真地比一比，「拍電影必須麻煩很多人。畫漫畫，一個人就可以做出飛機、大砲、原子彈。」自謙不喜歡煩勞別人的邱若龍，看來還是在他獨自的宅男漫畫世界中，最為優游自在。

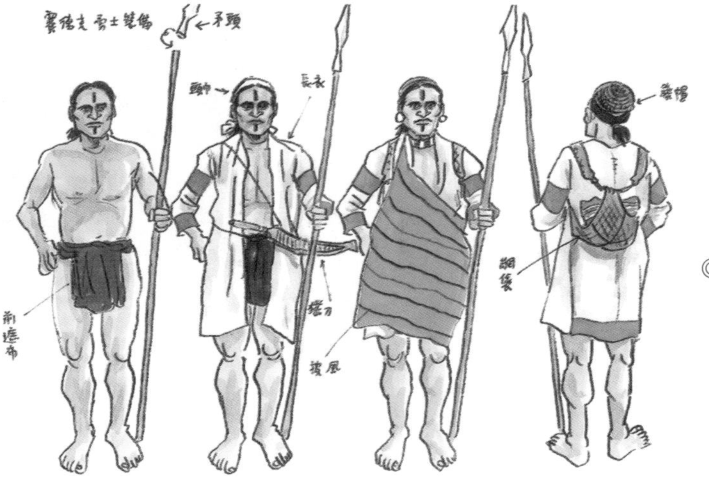

◎邱若龍為《賽德克・巴萊》電影繪製的造型設定圖。舉凡日治時期的軍警、賽德克族與其他族群的人物造型，邱若龍都做足了考證功夫。

◎邱若龍費時半年親手縫製自己的結婚禮服——賽德克族傳統貝珠衣。

收藏文物的心路歷程

擁有琳瑯滿目的古文物收藏，是邱若龍較不為人所知的一面，不過比起創作漫畫的時間，他的收藏家資歷少了近乎十年之久。「那時我覺得什麼都不需要，自以為這樣很清高，我父親說我是『玩志喪物』。」當時的邱若龍，不但不曾向受訪者索取任何文物作為紀念，甚至連對方主動開口表示要無償贈送，都被他婉拒，他唯一做的，就是拍下照片作為畫漫畫參考之用，或是改天再來走走看看。只是原住民文物流失的速度快得讓人措手不及，在幾分無奈之下，他也隨之投入收藏的行列。

不同於一般收藏家對某些「珍品」那股勢在必得的執著，邱若龍對於有心收藏卻始終無緣入手的文物，索性自己動手做，他的結婚禮服——賽德克族頭目的貝珠衣，便是他的得意作品之一。「我請部落裡八十幾歲的老太太幫忙織布，自己再縫上珠子。」看似簡單的製作流程，卻花了他半年的時間，技巧不純熟是原因之一，但主要是他得自行研讀文獻資料，來推敲正確的縫製技法。「部落裡的老人家也不見得會，他如果去博物館看，就會發現自己縫錯了。」邱若龍小露得意之色說，只是這樣的笑談，更凸顯了包括賽德克族在內的原住民文化斷層困境。

沒人做，那就自己來吧！

一九八五年，邱若龍順著自己的感覺，走進了賽德克族巨大的歷史意象中，而霧社事件也得以被開啟與現代社會的連接，從此不斷有不同角度的詮釋，讓人們藉此找到屬於自己的價值觀。但邱若龍覺得，其實還有很多事沒做到，還有不同的角度等待被發掘，這些事如果沒有人做，「那我就自己做吧！」不管成功，或是失敗，「至少去做了，就能和莫那·魯道一樣，在上彩虹橋的那一刻是心甘情願。」面對未來，邱若龍始終如此自在。

（本文作者為文字工作者）

參考資料

泰雅族的文化／廖守臣
台灣高山族／高淵源
馬砂族の奇習と傳說／高淵源
不屈的山嶽霧社事件／李永熾
川中島／鍾肇政
戰火／鍾肇政
馬黑坡風雲／鍾肇政
霧社事件／陳渠川
泰雅族風情／張致遠
台中縣和平鄉泰雅族／台中縣立文化中心
南澳的泰雅族／李亦園等
台灣原住民の風俗／張良澤、上野惠司
台灣蕃族志／森丑之助
台灣高砂族の服飾／立松濤美術館
台灣高砂族の住家／千千岩助太郎
埔里鄉情第八、十、十三、十六、十九、二十三、二十四期
台灣省通志稿卷八：同胄志
台灣蕃界展望／理蕃之友發行所
台灣史研究／戴國煇
台灣霧社蜂起事件研究と資料／戴國煇
霧社討伐寫真帖／海老原興
霧社緋櫻の狂い咲き／高永清
証言霧社事件／アウイヘッパハ
台灣風物第二十三卷三期：霧社事件的新問題
台灣文獻第六卷三期：日本國會紀錄中的霧社事變
台灣霧社事件の今昔／見上保
霧社事件—台灣高砂族の蜂起／中川浩一、和歌森民男
霧社事件實記／五十嵐石松
瀛洲斬鯨錄／林藜
日本統治台灣秘史／喜安幸夫
台灣高山族研究／陳國強
高山族風俗志／許良國
台灣總督府／黃昭堂
生蕃傳說集／佐山融吉、大西吉壽
台灣の蕃族研究／鈴木作太郎
南投沿革志（開發篇）／劉枝萬
台灣少數民族社會的家庭研究／江亮演
台灣土著的傳統社會文化與人權現況／中國人權協會
原住民—被壓迫者的吶喊／台灣原住民權利促進會
台灣土著族音樂／呂炳川
台灣風土志／衛惠林
台灣土著文化藝術／劉其偉
霧社蕃人騷擾實況／黃師樵

國家圖書館出版品預行編目（CIP）資料

漫畫・巴萊：台灣第一部霧社事件歷史漫畫 = Comics.Bale : the first historical comics of Wushe Incident/邱若龍著. -- 二版. -- 臺北市：遠流出版事業股份有限公司, 2021.09
面；　公分. --（賽德克・巴萊；2）
ISBN 978-957-32-8982-1(平裝)

1. 霧社事件 2. 漫畫

733.2857　　110001499

賽德克巴萊 2
Seediq Bale

漫畫・巴萊

——台灣第一部霧社事件歷史漫畫

作者／邱若龍

執行編輯／林孜懃　編輯協力／余式恕
封面設計／唐壽南　內頁設計／丘銳致
企劃經理／金多誠　出版一部總監／王明雪

發行人／王榮文
出版發行／遠流出版事業股份有限公司　104005台北市中山北路一段11號13樓
電話：(02)2571-0297　傳真：(02)2571-0197　郵撥：0189456-1
著作權顧問／蕭雄淋律師
輸出印刷／中原造像股份有限公司
□2011年2月1日　初版一刷　□2021年9月15日　二版一刷

定價／新台幣450元（缺頁或破損的書，請寄回更換）
有著作權・侵害必究　Printed in Taiwan
ISBN 978-957-32-8982-1

YLib.com 遠流博識網 http://www.ylib.com E-mail: ylib@ylib.com
【賽德克・巴萊】系列書籍官網 http://www.ylib.com/hotsale/seediqbale
【賽德克・巴萊】電影官方blog http://www.wretch.cc/blog/seediq1930